好领导怎么当

プロフェッショナルリーダーの教科書

如何培养积极主动的员工

[日]箱田贤亮 —— 著　陈旭 —— 译

中国科学技术出版社
·北京·

Original Japanese title: PROFESSIONAL LEADER NO KYOKASHO
Copyright © 2021 Kensuke Hakoda
Original Japanese edition published by ASAPublishing Co., Ltd.
Simplified Chinese translation rights arranged with ASAPublishing Co., Ltd.
through The English Agency (Japan) Ltd. and Shanghai To-Asia Culture Co., Ltd.
Simplified Chinese translation copyright © 2023 by China Science and Technology Press Co., Ltd. All rights reserved.
北京市版权局著作权合同登记　图字：01-2023-3211。

图书在版编目（CIP）数据

好领导怎么当：如何培养积极主动的员工 /（日）箱田贤亮著；陈旭译 . — 北京：中国科学技术出版社，2024.1

ISBN 978-7-5236-0303-1

Ⅰ . ①好… Ⅱ . ①箱… ②陈… Ⅲ . ①企业领导学 Ⅳ . ① F272.91

中国国家版本馆 CIP 数据核字（2023）第 220862 号

策划编辑	何英娇	执行编辑	邢萌萌
责任编辑	童媛媛	版式设计	蚂蚁设计
封面设计	东合社·安宁	责任印制	李晓霖
责任校对	焦　宁		

出　　版	中国科学技术出版社
发　　行	中国科学技术出版社有限公司发行部
地　　址	北京市海淀区中关村南大街 16 号
邮　　编	100081
发行电话	010-62173865
传　　真	010-62173081
网　　址	http://www.cspbooks.com.cn

开　　本	880mm×1230mm　1/32
字　　数	94 千字
印　　张	6.75
版　　次	2024 年 1 月第 1 版
印　　次	2024 年 1 月第 1 次印刷
印　　刷	河北鹏润印刷有限公司
书　　号	ISBN 978-7-5236-0303-1/F·1190
定　　价	59.00 元

（凡购买本社图书，如有缺页、倒页、脱页者，本社发行部负责调换）

什么是领导？

你印象中的领导到底是怎样的一类人？

是勇立潮头引领下属奋进的人？

是能凝聚下属的人？

是为了公司甘于牺牲自己的人？

是指导下属的人？

是挽回下属过失的人？

……

本书将探讨在当今时代下，

如何做一位好领导。

我相信通读本书之后，

各位会对领导有一个更为明确的认知。

各位好，我是箱田贤亮。

16 岁那年，我来到美国读高中。我来美国读书，既不是因为我的英语口语有多好，也不是为了学习英语。一切都是命运的安排。

我当时的英语水平不过是"This is a pen"的程度，根本听不懂老师的授课内容。

当时的高中老师推荐我上了一门音乐应用课，这门课程改变了我的一生。赴美留学前，我几乎没碰过任何乐器，但上了这门课程后，我开始对音乐产生了兴趣，一头扎进音乐的世界里，努力练琴。

高中毕业后，我进入了美国中西部一所知名的文理学院，并取得了音乐教师资格证。此后的 22 年间，我接连在美国公立高中和大学担任音乐教师的工作，也实现了成为管弦乐队指挥的梦想。

但遗憾的是，不管我多么用心教课，学生多么用心学习，最后能在音乐方面有所建树的学生总是只有一小部分。

我想，既然我站在三尺讲台上，就应该让全体学生的音乐技艺有所提高，为什么我这么努力教学，却总有些孩子学不会呢？

后来我发现，或许是我的教学方式出了问题，于是我下定决心在教课之余，去哥伦比亚大学继续给自己"充电"。

在哥伦比亚大学，我不再是教师（教课的一方）而是学生（听课的一方），我将以全新的视角去理解何为教育。这就是所谓的"学生本位理论"（Student-Centered）。

我进入哥伦比亚大学后，很快就发现自己对教学的看法本身就是错的。

很快，我就把在哥伦比亚大学学习过的学生本位理论带回了高中课堂，学生们的音乐技艺有了惊人的进步。

除了高中教学，我还担任大学年级组长的职务。我曾兴奋地对我的下属们说"我找到正确的教学方式了！"，而后我又把自己的成功经验传授给他们，但我的成功并没能复制到他们身上。不过，学生本位理论确实让我的领导力得到了大大提高，我也看到了下属的成长。

哥伦比亚大学的毕业生中，不乏国家领导人，其中比较有代表性的是美国前总统奥巴马。

本书根据我在哥伦比亚大学的学习经历、在美国高中的从教经历以及在指导下属时积累的方式方法编写。我将和各位读者探讨"什么是优秀领导者""如何成为优秀领导者"等议题。

希望本书能对正在为如何当好领导者而烦恼的你提供一些帮助。

目录 CONTENTS

第一章　领导的任务不是"教育" … 001

一　必须有向对方"求教"的心态 … 003

二　真正的学习源于"want" … 008

三　学生本位理论的循环 … 012

四　关注优势 … 015

五　发现部下更"擅长"的领域 … 018

六　环境能教育人 … 024

七　拥有斗志就能克服困难 … 027

八　发现适合每个下属个性的学习方式 … 030

九　领导最大的任务是创造环境 … 034

第二章　什么是"参与"（Engagement）… 039

一　主动工作的下属才是真正在参与 … 041

二　要激发下属的热情 … 044

三　以情动人才能让他有参与感 … 047

四　提高下属参与感的两个关键 … 052

五　用"自重感"提高下属参与感 … 057

六　共情能改变一切 … 062

七　领导有时候也会妨碍下属参与工作 … 069

第三章　人本思想视域下领导的职责 … 077

一　创造能让下属参与的环境 … 079

二　不要吝啬表扬 … 085

三　多给予肯定 … 089

四　共同制定明确目标 … 095

五　让你的言行更可敬 … 099

六　你就是导演 … 106

七　从"我本位思想"到"他本位思想" … 109

第四章　提高下属参与感的批判性思维 … 113

一　批判性思维能提高人的行为水平 … 115

二　学会运用批判性思维 … 119

三　3种能力帮你提高批判性思维水平 … 126

四　让下属拥有高水平的批判性思维 … 130

第五章　让下属更有参与感的评价方式 … 137

一　下属的成就源于领导的评价 … 139
二　领导必须掌握的 2 种评价方式 … 145
三　"备课"的重要性 … 153
四　"单元计划"的制订方式和使用方式 … 156
五　"课程计划"的制订方式和使用方式 … 160
六　评价方式和计划书并不是目的 … 165

第六章　专业领导的标准 … 169

一　领导的标准 … 171
二　了解下属为什么"做不到" … 173
三　培养和交流遭遇阻碍时该怎么办？… 182
四　根据下属特点制定不同目标 … 190

附录 … 195
后记 … 201

第一章

领导的任务不是"教育"

第一章　领导的任务不是"教育"

 必须有向对方"求教"的心态

（一）好为人师

我们常常通过某些沟通方式向他人传递信息或向他人学习知识。

换言之，没有交流就不存在学习和教育。

但是你在指导下属的时候是否会思考"教学方式"呢？

如何才能提高教学水平呢？面对这种疑问，你是否曾经试图通过直觉、努力解决，或者干脆走一步看一步？

"从现有经验看，这个教学方式是没问题的。"——直觉（K）[①]

"我已经教会他了，剩下的就靠他个人努力了。"——努力（D）

"好吧，先教着看看吧！"——走一步看一步（D）

这就是所谓的KDD式教学方式。领导在思考教学方式的时候，其实是站在"自己的角度"而不是"对方的角度"。

[①] 此处英文是日文读音的首字母，下同。——译者注

003

我当教师的时候，每天都意气风发地想："只要我努力教课，学生肯定能创作出最美的曲子！"因为我在上大学和读研期间顺风顺水，所以我才有了这样的自信。

刚刚当上教师的时候，我负责新生的管乐教学。我把从大学里学到的教学知识运用到我的工作中，兢兢业业地给学生上课，而学生们学得也很认真，但结果是他们的技术水平并没有得到提高。在地区管乐竞赛中，他们只拿到了2分（满分5分）。

当时我感到十分失落，心想："我明明这么努力，怎么就是得不到好的结果呢？看来是学生实力不济！"

后来我进入哥伦比亚大学攻读博士学位，这次经历给了我的教学生涯一次转机。

哥伦比亚大学的教学理念是"学生本位"。

我第一次听到这个理论时误以为它就是"在教学过程中为学生着想"，甚至认为这本身就是教师的本职工作。

但我的理解完全错了。

在传统的课堂上，教师站在学生面前，单方面地按照教师个人的教学方式，以"个人的视角"进行教学。

但是，"学生本位"是针对每个学生制订个性化教学计划的理论。学生本位理论把教育的重心锁定在"学生的学习"上，而教师则要创造一个能让学生自己找到学习方法和答案的环境（条件）。在这样的环境（条件）下，学生才能自主学习。

（二）从普通领导到专业领导

我在哥伦比亚大学学习了很多课程，发现学生本位理论有3个特点。

★ 允许学生尝试各种学习方法。

★ 允许学生在课堂上说话。

★ 多用"why"和"how"提问。

他们的授课方式和我的授课方式完全不同。我经常对学生们这样说：在我们的课堂上，我的答案才是正确答案。

因为我的教学方式是单方面向学生灌输知识，所以在我的课堂上，学生只是倾听的一方。

换言之，学生只能按照我的教学内容去实践。但是，因为他们对课程内容根本不理解，所以也难以做到应用，除了倾听之外一无所能。

学生们没有思考"为什么会这样"和"如何才能提高水平"的能力。

于是我立刻将哥伦比亚大学的教学方法运用到了自己的课堂上。

1. 允许学生尝试各种方法

首先，我不再抱有"在这门课上，我的答案才是正确的答案"的想法。为了了解学生的想法和意见,我有意识地不再对他们说出我的观点和答案,而是尽力给他们创造一个利于思考的环境。

2. 允许学生在课堂上说话

我开始用"今天我们来讨论一下'×××'"的提问形式,让学生们踊跃发言。

学生们的想法会有偏向或者完全朝反方向发展的时候,于是我又会抛出类似"如果这样的话会怎么样?""如果顺着你的思路继续想,事态会如何发展?"的问题,把他们带回到正轨。

3. 多用"why"和"how"提问

他们演奏得出色的时候,我就会用"why"和"how"的形式问他们"为什么刚才那段能成功""你是怎样控制音色的",这样就能让学生独立思考了。

我就是这样,通过以上 3 种方法,让学生们各抒己见。

自从我运用学生本位理论进行授课之后,我有了更多机会听学生说话,了解他们在想什么,并开始思考如何理解他们。

而且,我也学会了根据不同学生的特点,从"对方的视角"配合他们,从而改变我的教学方式。

结果证明,我的课堂教学环境发生了翻天覆地的变化。

学生们开始踊跃发言，也能够自主学习了。

换句话说，"单方面灌输，只能把知识传授给适合自己教学风格的学生，但如果你的教学风格适合所有学生，那么他们就都能学有所成"。

培养下属的方法有很多，这些培养方法都要由领导来选择。但是，我们不能站在"自己的立场"，去选择那些更容易掌握的教学方法，而是要站在"对方的立场"，选择一个让所有下属都能适应的教学方式。

领导不需要考虑该教什么，而是要考虑下属"怎么学"。主动学习最能让人成长。

好领导怎么当：如何培养积极主动的员工

二 真正的学习源于"want"

（一）"want"造就高手

恕我冒昧，你有什么"压箱底"的本领、技能或特长吗？

很多人会告诉我，根本没有。

但是，每个人一定有比别人优秀的地方（也就是特长）。

特长可以是关于甲壳虫乐队的知识、世界遗产知识、折纸技术等，什么都可以。也许你会觉得"有个人比我懂得还多（比我强）"，但实际上我们没必要和别人比较，只要觉得自己"不会输给别人"就可以了。

例如，棒球迷会详细了解自己喜欢的球队的信息和选手的兴趣等。很多人对自己热衷的事物有着远超常人的见解，比如日本的偶像、韩国的电视剧等。

除此之外，一天能骑100千米自行车、会制作多种多样的折纸等，这些都可以说是个人特长。

那么，为什么我们会有意学习这些知识和技巧呢？

答案就是"want"。

虽然遇到的契机都不一样，但每个人总会在人生中的某个时刻、某个角落，产生对这些知识和技能的渴望，于是投身于此并掌握了这项特长。

人们学习的原点就是"want"。人在真的想要学习的时候才会采取行动。

（二）从不得不学（must）到渴望学习（want）

人们会不惜花费时间和金钱去获取那些自己想要学习的技能和想要了解的信息。兴趣爱好就是最大的动力。

例如，我想了解甲壳虫乐队，不仅购买了他们所有的CD，还用吉他演奏了他们所有的乐曲，这让我对甲壳虫乐队的乐曲特征和编曲有了更深的了解。

除此之外，对F1赛车事业非常了解的人，往往掌握着各车队夺冠的日期、赛车的规格等很多知识和信息。因为不管多忙，他们都会抽出时间查看F1的相关信息。

对于自己"想做"和"想学"的事，我们从不会吝啬时间和金钱。而且，这份"渴望"与获得知识和技能的行动有着密不可分的联系。

在进入哥伦比亚大学之前，我在美国的其他院校担任教授，同时也在高中担任教师，在工作期间，我一直在研究"如何提高学生的学习效率"，即"How to teach"。

但是当我在哥伦比亚大学接触到了学生本位理论后，我才发现，大多数情况下，研究"How to teach"对学生的学习并没有多大帮助。所以我开始进一步思考。

不能只关注"教法"还要思考"学法"。

换言之，激发一个人的"学习欲望"，才能让他掌握最有效的学习方法。

领导只要点燃部下求学的热情，就能引发他主动学习。

相反，对于"不想学"的人，不论领导向他传授多少技巧和本领，他都无动于衷。

无论领导说了多么重要的内容，传授了多么有效的方法，如果下属没有学习欲望，也不愿意敞开心扉的话，那么他就什么都学不会。

因此，领导在向下属传授知识的时候，要使用学生本位思维，或许在这里我们可以将其称为"人本位"思维。

人本位思维不以领导为中心，而要以下属为中心。因此，只要领导以人本位思想带领下属，就能激发起对方的学习欲望。

有了"渴望学习"的方向，人自然会主动去学。相反，本身没有兴趣，只是被迫学习，就会陷入"必须学习"的被动状态，最终难成大器。

换言之，领导最重要的任务就是：

把下属"不得不做"的心态转变为"主动想做"的愿望，把下属"不得不学"的心态转变为"主动想学"的愿望。

重点

人们会积极投身于"想做的事"和"喜欢做的事"。领导最大的任务就是在人本位思想指导下，以下属为中心，制定培训方法，把"不得不学"转变为"渴望学习"。

三 学生本位理论的循环

（一）深入学习循环

人们对于自己"想做""想学"的事情，往往会倾注更多心血，对于兴趣爱好，愿意投入自己的时间和热情。如此，他们在学习过程中就会不断获得新知识，不断发现新问题。

学生本位的学习基础就是这种学习循环。换言之，人本位教学法可以让学生通过不断重复的学习循环，获得新知识，并加深对知识的理解。

首先，在渴望获得新知识的阶段，好奇心驱使我们去寻找获取新知识的方法。其次我们又用自己发现的新方法获得知识，并影响自己的行为。最后，我们分析获取的新知识，从中获得新发现。继而，再开始循环，重新回到最初的"想要获得新知识"的阶段，去探寻更多新知识。

人们的学习过程都遵循着这个学习循环。

（二）学习循环的运行

关于学习循环，我将结合图 1-1 和真实案例为各位解说。

第一章　领导的任务不是"教育"

学生时代，我完全不知道世界上还有一支乐队叫"甲壳虫"。

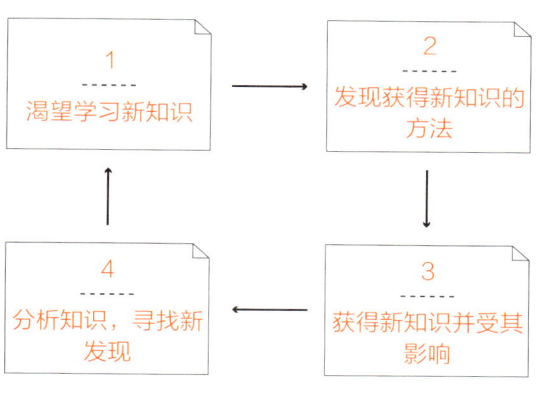

图 1-1　学习循环

那时候我听了一首叫作《顺其自然》（*Let It Be*）的歌，深受感动，不由得想"真好听，这是谁的歌呢？"。了解到是甲壳虫乐队的歌之后，我开始对甲壳虫乐队越来越感兴趣（渴望学习新知识）。

于是我去了唱片店，买了一张甲壳虫乐队的专辑（发现获得新知识的方法）。听了那张专辑之后，我又发现了不少新歌，这些歌曲同样让我深深喜爱（获得新知识并受其影响）。

听了这些新歌曲之后，我才发现，原来甲壳虫乐队有多位歌手和作曲家，所以他们的歌曲才有如此丰富的变化（分析知识，寻找新发现）。

之后我渐渐爱上了甲壳虫乐队，想要听他们的其他歌曲

（渴望学习新知识），于是又买了他们另外一张很有名的专辑（发现获得新知识的方法）。

买唱片、发现新歌曲，之后再买新唱片……不知不觉间我已经买下了他们的所有唱片。

换句话说，人本位思想引导下的学习循环已经开始运转。

而且，我还开始阅读甲壳虫乐队歌曲的评论性书刊，不知不觉间，我已经成了"甲壳虫乐队万事通"。

人们都有"想做""想学"的上进心，也总希望尝试新事物、学习新知识。

如果一个领导能以人本位思想指导下属，点燃他们心中的火焰，下属的学习循环就会开始转动。循环往复，他们必然能学到更深层次的东西。

想要开启下属的学习循环，让他们越学越深，领导就必须激发下属的求知欲，点燃他们心中的火焰。

四 关注优势

（一）不用改正自己的缺点

每个人都有长处和短处。因为人们的智力、适应的学习方法、经验和教育环境各不相同，所以每个人都有独特的能力。

但另一方面，人们也会不知不觉且给自己贴上"能干的人""无用之人"等标签。

我们评价对方的时候，总是倾向于利用自己现有的经验、情感和方法。但是，这些方法就是正确的吗？

有句话叫"千人千面"，每个人都有各自的特征和性格。当然，学习的兴趣点也各不相同。但即便如此，我们的评价标准却何其单一……有时候，我们对一个人的评价方式，可能本身就不合理。

日式教育往往强调改正缺点，领导们培养下属时也总习惯把对方的弱势转化成优势，或者想办法让对方做出改变。

当一位领导只能看到下属的缺点，并极力要求对方改正的话，就不能点燃下属内心的火焰，也难以激发下属"想做""想学"的热情，学习的循环也不会正常运转。

在使用单一的评价方式判定对方"无能"之前，要先观察下属身上的优点和强项，找到对方身上的闪光点。

如果能够根据下属的强弱项来给他们分派任务，他们的工作成果和斗志就都能得到提升了。

（二）扬长避短才能助力成长

发扬一个人的长处就能帮助他不断成长。这一理论早有科学根据。

美国人才培养、培训公司盖乐普（Gallup）曾经指出，"通过发扬人们的长处，可以让人更有自信，自我认同感更强，工作效率更高"。

具体来说，员工的敬业度和生产效率会提高一两成，离职率会降低四五成。利用这个原理，对下属进行"扬长"教育，就能让下属的学习循环运转起来。

例如，我在美国大学当院长时，就主张发扬下属长处、弥补下属短处的扬长避短教育。院长一职相当于公司的总监，我负责管理大学里的教师，还负责人事评价和资金管理等工作。

我经常关注如何让下属发挥百分百的潜力。

我每天会跟他们聊天 5 分钟，谈话内容包括"今天（工作时）还顺利吗？""有什么（工作上的）需要吗？"等内容。

有些下属不了解自己的长处和短处，所以领导要根据平时的谈话，发现每个下属的长处和短处，扬长避短，因材施教（详细方法请见后文）。

作为一名教育者，我从不直接给学生答案，而是让他们自己去寻找答案。因为我让他们独立思考，所以难免会多花一些时间，但对他们来说，独立思考才能学会更多知识。

所谓培养下属，不是努力思考"如何教导"，而是要理解下属，创造一个能让他思考的环境。

重点

人人都想做出成绩、受到表扬。领导要观察下属，该夸就夸，发扬他们的优势才能促进他们的成长。

五 发现部下更"擅长"的领域

（一）8种智能

我曾经说过，领导教育下属的关键在于"发扬下属的优势，弥补下属的劣势"。

但是，我们要怎样发现他们的优势和劣势呢？

哈佛大学的教育学家、心理学家霍华德·加德纳（Howard Gardner）在1983年发表了多元智能理论（Theory of Multiple Intelligences，MI）。

他的理论推翻了长久以来被认为是唯一参照系的智商（Intelligence Quotient，IQ）评价体系。他表示人类拥有8种不同类型的智能（图1-2），每个人都能发挥出不同的能力。

这8种智能类型分别如下。

★ 语言智能（linguistic intelligence）

语言智能较高的人，擅长沟通和书写。因此他们可以高效地写文章、编故事、记忆信息或阅读。

★ 数学逻辑智能（logical-mathematical intelligence）

数学逻辑智能较高的人，擅长推理、归纳总结、逻辑分

第一章　领导的任务不是"教育"

图 1-2　多元智能理论

析。他们常常思考数字、事物间的联系并善用归纳法。

★空间智能（spatial intelligence）

空间智能较高的人，擅长用视觉感知事物。因此他们能够高效使用导航、地图、图表、录像、照片等工具。

★身体运动智能（bodily-kinesthetic intelligence）

身体运动智能较高的人，擅长体育活动，能控制身体完成各种动作。他们的手眼运动协调能力和灵巧性（运动神经）都很优秀。

★ 音乐智能（musical intelligence）

音乐智能较高的人，能够敏锐感知旋律、节奏、声音。另外，他们对音乐的理解很深，擅长作曲和演奏。

★ 人际智能（interpersonal intelligence）

人际智能较高的人，能理解他人，擅长与他人交流。因此，他们善于洞察周围人的感情、动机、愿望和意图。

★ 自我认知智能（intrapersonal intelligence）

自我认知智能较高的人，擅长感知自己的情绪、心情和动机。另外，他们还擅长探究与他人的关系、评价自己的长处，并喜欢自我反省和自我分析。

★ 自然认知智能（naturalist intelligence）

自然认知智能较高的人，能与自然和谐相处，对培育动植物、探索自然环境，以及学习其他物种相关知识都很感兴趣。另外，他们对环境的微妙变化也反应敏感。

从多元智能理论来看，人们最看重（特别是在日本的入学考试制度下）的智能是语言智能和数学逻辑智能，对其他智能却漠不关心。

也就是说，即便你其他方面的智能再高，只要语言和数学逻辑智能不够高，在现在日本的教育制度下就很难得到较高评价。

但是，每个人都有自己的个性，这8种智能、能力的水平都是因人而异的。

"我擅长沟通，但不擅长运动。"

"我擅长计算，但不擅长作图。"

"我擅长演奏乐器，但不擅长沟通。"

诸如此类，人的各种智能的水平不同，也就产生了擅长和不擅长的领域，最终诞生了其所谓的"优势"和"劣势"。

（二）4 种学习风格

正如智能有擅长和不擅长之分，学习风格也有擅长和不擅长之分。

新西兰教师尼尔·弗莱明（Neil Fleming）博士于 1987 年提出了 VARK 模型，这是在美国教育家中很受欢迎的理论之一（图 1-3）。

VARK 模型理论认为，每个人都有不同的学习风格，大致可以分为以下 4 种。

视觉型学习者（visual learners）

擅长通过图片、图表、颜色等视觉信息辅助学习。由于他们通过"看"来学习，所以能够一次性接受并记忆许多信息。对他们来说，将文章做成图片或图表，或用颜色区分内容，更便于理解。

听觉型学习者（auditory learners）

他们善于倾听声音和语言，习惯通过听觉来学习。声音

图 1-3　VARK 模型

和语言不仅包括来自外部的信息,也包括自身输出的信息。他们往往更愿意主动回答问题、积极参与讨论。对他们来说,借助听和说更容易理解学习内容。

读写型学习者（reading/writing learners）

他们擅长通过阅读和书写学习知识。对于他们来说,由于语言的输入往往是一只耳朵进,一只耳朵出,所以通过看纸面、幻灯片上的文字,或者自己做笔记才能加深记忆。

动觉型学习者（kinesthetic learners）

他们擅长实际行动,喜欢在实践中学习。与其他的学习风格相比,这种学习风格会让人热血沸腾、跃跃欲试。他们会一边实践一边获取信息,通过实际操作加深理解。

在这 4 种学习风格中，你最适合哪种呢？

让我们回顾自己的学习经历，去探究一下我们擅长和不擅长的学习风格吧。

例如，在学习英语单词时，擅长听发音背单词的就是听觉型学习者，而擅长边写边背单词的就是读写型学习者。

综上所述，每个人都有自己擅长或不擅长的学习风格。如果你不擅长边写边记单词，那就试试边听边记单词吧。

本书附有"VARK 模型自查"，请各位一定要测试一下。

能够掌握 VARK 模型的领导，在向下属讲授一项内容时，可以使用多种不同的方法。这就能为众多下属提供一个易于学习的环境，激发他们学习的欲望。

每个人擅长的能力和学习风格都不一样。

因此，领导者必须知道，重点不是自己怎么教，重点在于下属如何学习。

重点

了解下属的智能特性和擅长的学习风格，通过最优组合助其提高学习效率。

六 环境能教育人

（一）环境能塑造人

正所谓千人千面，人们的能力和学习风格各不相同。

但是，从生物学的角度来看，人类基本上是相同的，同样的头和身体，脑髓被包裹在颅骨内，浑身布满神经。

尽管如此，有些人拥有特殊技能和特长，有些人却没有，这也是事实。这是为什么呢？

这是源于建立在了解自己强项弱项基础上的学习和练习吗？

这或许有一定的道理，但最大的原因在于，那些拥有特殊技能和特长的人，为了获得这些技能和特长进行了大量的训练和学习。

我想问各位一个问题，如果有人对你说"请在3小时内跑完全程马拉松"，你觉得自己能跑完吗？

初学者跑完全程马拉松的平均用时大约为5小时。也就是说，初学者几乎不可能做到。

另外，有人要求你用小提琴演奏世界名曲，你又能否做到？

没有接触过小提琴的人，肯定连调都找不到。

那么，如果现在有可以集中精力做想做的事和学习想学的东西的环境，你就有可能达成目标吗？

如果给你提供一个拥有无限的时间、金钱和教育，且不用考虑工作和家人，完全可以投身于学习的环境呢？

我敢说，只要有这样的环境，你就能做到。

（二）创造能激发斗志的环境

16岁的我来到美国，随后与音乐结下了缘分。当时我对英语一窍不通，老师就推荐我上一门音乐演奏课。按照老师的要求，我报名了吹奏乐和合唱的课程。

那是一个总人口不到2000人的小村落，所以没有别的事可做，因为不会说英语所以也没怎么交到朋友，所以我只能练琴、练唱。

结果，学习音乐还不到2年的我，就考上了以音乐闻名的美国大学（和我一起入学的其他学生，几乎都学了8年乐器）。

后来我还获得了大学颁发的优秀毕业生奖。大学毕业后的22年间，我一直作为音乐教师、教授、专业指挥活跃在各种舞台。如果我一直留在日本，肯定过着与现在完全不一样的生活。

一切都因为我有2年的时间专注于音乐。

也就是说，是否有适合学习的环境很重要。至于无限的时间、金钱、教育、不用担心工作和家人……这些都是可遇而不可求的。

但是，如果能把"想做的事"和"想学的知识"放在更重要的位置，着手去做、去学的话，我们就能前进一步。只想不做最终寸步难行。

只要有斗志，任何人都可以做到。

如果领导单方面判断"他很无能"而放弃下属，那是非常遗憾的。领导能做的就是激发部下"想做、想学"的热情和斗志。

所以我们要创造一个能激发下属斗志的环境。

重点

有了适合的环境，不论是谁，不论什么时候，人们都能开始学习。领导有义务给下属创造一个适合他们学习的环境。

七 拥有斗志就能克服困难

（一）人都有不擅长的事情

到这里为止，我们一直在探讨自己"想做的事"和"想学的知识"。但有时候我们也会遇到想做但不擅长的事。在这种情况下，我们应该怎么做呢？

我们都可能会有一些不擅长的方面，比如跑步、唱歌、烹饪等。它们并非都是专业技能。

我在从事音乐教育的 22 年里，经常听人对我说，"因为五音不全，所以我不会唱歌"。而且有些教师居然会偷偷告诉我，"那个学生五音不全，毫无音准，所以只能让他假唱"。

从物理学、音乐学的角度来看，人只要身体没有残缺，就都能准确地唱出音程。实际上，我亲自教过的那些自认或被人认为"五音不全"的学生，最后他们都能准确地唱出音程。

（二）如何化不擅长为擅长

为什么明明具备唱准音调的条件，他们却长时间自己认为或被别人认为五音不全呢？

原因有二：

第一是他们学到的音程本身就是错的。耳朵听到的声音和自己发出的声音并不一致，而肌肉和大脑已经习惯这样发音。所以只要矫正这种状态，从头开始重新学习，就能正确地唱出音程了。

第二是他们有心理障碍，总觉得自己唱得不好听。周围人说他"五音不全""找不着调儿"，让他失去了信心。这种心理障碍来自负面反馈。

激发"想做想学"热情的教育，要从积极评价和表扬开始。即使音程不准，也要给予积极的反馈，比如"声音很有活力，很明快"。

在此基础上，为了让对方唱得更好，教师应该给予适当且具体的反馈，首先让他们有自信——"原来我也有'好声音'"。

同时我们也要跟着他们一起，用正确的音程发声，从对方的角度出发体现人本位的思想。

消除心理障碍，需要积累许多成功经验。

如果你发现你对某方面并不擅长，那就应该重新学习，逐渐消除心理障碍，这样才能"化不擅长为擅长"。那么，你知道自己"不擅长"的原因是什么吗？

（三）改变环境，发现新知

置身于新环境中，可以让人发现前所未有的新生力量。

现在，我作为作曲家和音乐制作人能继续开展我的音乐事业。实际上，在去美国之前，我只学过一点吉他，完全是音乐初学者的水平。我从没想过要靠音乐生活，也不敢有什么音乐梦想。

但是，我每天还是会在课堂上演奏2个小时的音乐，不知不觉中，我的音乐技能不断提高，不到一年就达到了高中的顶尖水平。两年后，我还考上了名牌音乐学院。

在美国这个新环境中，我的音乐之魂觉醒了，而且在进入社会工作之前，我的音乐水平就已经得到了提升。

针对不擅长的事情，只要重新学习，消除心理障碍，你就会有惊喜发现。

置身于新的环境中，也有可能发现新的自己。想要做好不擅长的事情，寻找新的可能，那就试着换一个新环境吧。

重点

下属的苦恼几乎都来自错误的臆想，通过积极反馈消除他们的臆想，可以让他们加速成长。

八　发现适合每个下属个性的学习方式

（一）你的学习方法 100% 正确吗？

我们大部分人都认为自己的学习方法是正确的，而且我们越是成功，就越坚信自己的学习方法是正确的。

我有一位恩师的口头禅是："我比其他人更成功，所以只要照我说的去做，就能成功。"

这句话好像一个魔咒一样，每天都折磨着我。

在去哥伦比亚大学上课之前，我一直在向自己的学生传授着"我自认为"正确的学习方法。

但是，尽管我很努力地教学生，学生的学业却并不顺利，作为老师，我一直很苦恼，再加上我的课是选修课，因此选择中途退课的学生越来越多。

作为一名教师，我希望全体学生都能有所成长，因此我不断尝试改变教学方式。

有一天，我突然扪心自问学生们跟随我的脚步就一定能获得成功吗？

（二）培养下属需要遵循"人本位七大原则"

我在哥伦比亚大学接触到了学生本位理论。这个理论告诉我们，要以学的一方（学生）为中心，而不能以教的一方（教师）为中心，而且还要结合所有学生的特点，为他们创造个性化学习的环境。

并不是所有的美国学校都采用学生本位理论进行教育。对近年来的学习环境感到担忧的美国教育研究家克里斯塔·卡普（Clipper Cape）分析并发现了学习环境所需的各类要素，并制定了"学生本位理论指导下的七个基本原则"。

我认为，领导在教导下属时，需要具备卡普所总结的基本原则，并加以应用，将之作为人本位理论的七个基本原则，以下简称"人本位七大原则"（见图1-4）。

人本位七大原则

★正向关系（positive relationship）

下属能够与信任自己并对自己怀有期待的领导和伙伴建立良好、积极的人际关系。

★身心安全（safe environment）

下属身体和心灵都能处于安全环境中。

★自我认同感（positive identity）

下属能够充分接受自己在公司的身份，有归属感。

图 1-4　人本位七大原则

★自重感（ownership & agency）

下属对自己的工作负责，拥有追求自己兴趣和爱好的选择权，能适应职场环境，积极主动工作。领导作为下属的"领路人"积极为其提供支持。

★问题解决能力（problem solving skill）

下属能够解决工作中遇到的问题，跨学科地学习工作技能和知识。

★明确的目标和评价（goal & assessment）

下属朝着明确的目标前进，能得到必要的支持，也能得到明确的评价。

★终身学习（professional development）

下属不仅可以在职场学习想学的知识和必要的技能，还可以在家、社区、研讨会等地灵活地学习知识。

每个人都有不同的智能、不同的学习风格，两者需要搭配组合。换言之，每个人都能找到"专属"自己的组合。

因此，想要获得成功，最重要的是每个人都要找到属于自己的成功之路。作为领导和指导者，我们的任务就是帮助他们找到这条成功之路。

重点

下属需要帮助的时候，领导要了解下属的想法，助他们寻找到适合自己的学习方式。

九 领导最大的任务是创造环境

（一）个人的集合

我在美国担任了 16 年的管弦乐团指挥。指挥的工作是将近 80 名音乐家调动起来，共同完成一首乐曲。

每次有人问我："指挥家用的那根小棍儿到底是干吗用的？"我的回答是："它能帮我营造一个让所有演奏者都能发挥最大能力的环境。"

如果所有优秀的演奏家都能拿出 100% 的实力，那演奏就会非常精彩。

著名的瑞士精神科医生、心理学家卡尔·古斯塔夫·荣格（Carl Gustav Jung）曾说过这样一句话："人类平时只会有意识地使用 50% 的能力。"为了让他们发挥剩下的 50% 的能力，有必要为他们创造能够发挥能力的环境。

无论是乐团、公司、学校，还是家庭，都是"个人的集合"，每个人应发挥 100% 的实力。

例如，单簧管演奏者和长笛演奏者一起演奏的时候，如果单簧管演奏者的音调不稳定，长笛演奏者就要费尽心思配合对方，就很难发挥出自己的真正水平。

（二）领导需要创造的两种环境

领导是"唯一能创造环境的职位"，那么这里的环境具体指的是什么呢？

首先，让我们来谈谈"什么是环境"吧。

环境大致可分为以下两种。

★物理环境（physical environment）

★心理环境（psychological environment）

为了创造良好的环境，我们首先要搞懂这两种环境各自的内涵。

下面我来分别说明。

1. 物理环境

所谓物理环境，顾名思义，实际上是由物理、数值决定的环境。比如办公室内的温度、湿度、亮度、壁纸的颜色，以及椅子和办公桌的种类等都属于物理环境。当然工资、奖金等可以用数字来衡量的标准也包括在内。

如果让爱干净的员工坐在邋里邋遢的员工旁边工作，他就会感到不舒服，而无法发挥100%的能力，导致生产能力下降。

虽然多少有些限制，但领导有能力改善这样的环境。领导应该认真观察周围的情况，听取大家的意见，考虑怎样做才能对所有人都有好处。总之，创造更加良好的工作环境是很重要的。

要知道，物理环境的细微变化会对整体环境产生巨大的影响。

有一段时间，我在堪萨斯州一个财政困难的管弦乐团担任音乐总监。当时我做的第一件事就是创造一个让演奏者（也就是乐团成员）心情舒畅的演奏环境。

乐团成员是管弦乐团所属的地区志愿者，他们只能坐在破破烂烂的硬椅子上演奏。

我想，这样肯定没法专心演奏啊……想到这里，我就四处募捐，总得给大伙换把新椅子啊！

随后我连续5年在董事大会上表示，"我没有别的什么意见，只是希望能改善乐团成员的工作环境"。我的指挥台和乐谱架虽然也很破旧，但当务之急是更换乐团成员的椅子和乐谱架。除了这些，这5年间我们重新翻修了舞台，更换了新的乐器，对乐团的物理环境做出了一些调整。

结果，我们的交响乐团成长为堪萨斯州屈指可数的交响乐团，我的待遇也随之提高。

为了鼓舞团员们的士气，我做了很多努力，但我现在认为，最开始"换椅子"的决定给我们的改革开了个好头。

这也是改善物理环境的方法之一。

2. 心理环境

心理环境会左右人们的情绪，而且这些情绪无法用数值或物理的形式来衡量。

心理环境会如何影响人们的工作动力和对工作的满足感呢？

实际上，在研讨会上，很多职场人问我："人在什么时候才会充满干劲和满足感呢？"我的回答大致如下。

①完成困难的工作时。

②做自己想做的工作时。

③自己的工作成果和能力得到认可时。

④被分配任务时。

⑤被任命新职位时。

这些都是与工作相关的问题，而且能给我们带来无法用数字来衡量的成就感和满足感，它们与心理环境直接相关。

美国临床心理学家弗雷德里克·赫斯伯格（Frederick Herzberg）提出了"激励因素"理论，用来衡量员工在工作中的积极性。激励因素分为5个类别，上述①~⑤分别对应"成就"、"工作本身"、"赏识"、"责任"和"晋升"。

赫斯伯格认为，这5个因素是比金钱等物理环境更能提高员工工作积极性的重要环境因素。

也就是说，领导要想让下属发挥最大的能力，就必须营造一个能激发下属工作积极性的心理环境。

领导应该具有创造和改善环境的能力，应从物理和心理两方面综合考虑最适合下属的环境，让全体下属都能好好地学习和成长。

重点

领导要努力创造更加良好的工作环境，这包括物理环境（桌子、座位，工资等）和心理环境（成就感、满足感等）两方面，这样才能让下属发挥100%的能力，不断成长。

第二章

什么是"参与"（Engagement）

第二章 什么是"参与"(Engagement)

一 主动工作的下属才是真正在参与

(一)"参与"的词源是"订婚"?!

美国人常常说"Engage",在我工作的大学也有院长和领导跟我说"You must engage students"(你要让学生参与进来)。

那么"Engage"到底是怎样的一个词语呢?

"Engage"的词源来自下面的这个英文单词:

Engagement

这个词最常用的含义是"订婚"。订婚戒指的英文就是"engagement ring",用作动词就是"I was engaged to Sam"(我和山姆订婚了)。

除了这个含义之外,"Engagement"还有很多用法。

"Engage"在词典中的解释大致如下。

① Occupy or attract(someone's interest or attention)(占据或吸引某人的兴趣或注意)。

② Participate or become involved in(参加或参与)。

"Engage"的用途很广,其中有一个特别有名的场景。那是在美国非常受欢迎的电视剧《星际迷航》(*STAR TREK*)(描

> 好领导怎么当：如何培养积极主动的员工

写一位进入宇宙的地球人，一边与各种各样的外星人打交道，一边探索宇宙未开垦地的科幻作品）的船长宣布船出航的场景：

出发！

Engage！

一般来说，"出发"的英文其实是"Let's move"或"Let's go"，但这些表达只有"一起走"的意思，并不包含"协调"的意思。

电视剧里特意使用了"Engage"这个词，因为这意味着飞船上的一切（不仅包括燃料、发动机等，还包括船员的心情）都要结合在一起，然后才能出发。也就是说，飞船移动时不仅要协调"物"，还要协调人们的情感。

（二）美国人常常使用的"Engage"

"Engage"除了表示"订婚"之外，还有各种含义，但美国学校常常使用以下的短句：

全身心参与！

Get them engaged！

虽然这里的含义也能用"Let's get them to participate together！"和"Have them involved！"之类的句子来表示，但他们却刻意使用了"Engage"。因为"Engage"的含义不只是让学生单纯地行动（学习），而是让他们全身心投入学习，自主参与其中。

另外，还有一个经常被知名品牌和连锁店使用的句子：

提高顾客的参与感！

Increase the engagement of our client!

虽然"Get customers""Gather customers"等表达方式，也能表达同样的含义，但他们还是要用"Engagement"。店家的想法是，不仅要让消费者购买商品，还要能触动消费者的情感和内心。

如上所述，"Engagement"不仅是指一起行动，还包含着精神协调和积极行动的含义。

而"参与感"的深层次含义则是：

产生共鸣，自主行动

对于公司和学校等组织，每个人都是集体的一分子，我们要一起工作和学习。

领导需要有强大的领导力，才能让下属更有参与感，也就是要具备所谓的"参与感领导力"。

重点

只要领导能激发出下属的参与感（产生共鸣，自主行动），下属就会积极行动。

二 要激发下属的热情

（一）激励下属

"打招呼要有精神！"

"再热情点！"

领导经常会对下属这样说话。我以前也经常对学生和下属说，"只要有干劲，总会有办法的"。

实际上，干劲只有靠自己才能激发出来。不管别人怎么说，如果本人不激励自己的话，一切都是徒劳的。

每个人都"想成功""想做出成绩""想受到表扬"，但是，很多人不懂得方法，所以他们总认为"我做不到"。

因此"激励"（Inspire）就显得尤为重要。

"Inspire"的词根是"spir"（呼吸），加上"in"（在中间），从语源"（在中间）呼吸"引申为"鼓舞""振奋"的意思。另外，"Spirit"（灵魂）的词根也是"spir"。

领导要给下属的灵魂注入气息，也就是"刺激下属的灵魂"，才能激发出每个人的"干劲"。

哪些行为能刺激下属的灵魂呢？

在领导和下属的上下级关系中，有一种提高下属参与感的准确方法，那就是"让他们体验成功"。

领导帮助下属取得成功，会让下属更努力地投入工作中。也就是说，促进下属成功是使其通向"提升参与感"之路的最大捷径。

（二）创造能激发下属参与感的环境

想要刺激下属的灵魂，最重要的是理解并分析"对方需要什么"，为他们创造能够成功的环境。

领导的重要任务之一，就是刺激下属的灵魂，点燃下属的"积极性"和"想做"的情绪，也就是提高下属的参与感。

下属之所以没有积极性，可能有以下几个原因。

①本身拥有足够的积极性，满怀自信地努力工作，却没有取得成果，最终被认定为能力差。

②自己的积极性不强，也做不出成绩，总找借口说"因为我没干劲，所以没办法"。

③一边抱怨"没有干劲"，一边为了取得成果认真地做该做的事，等到取得成果的时候，就会得到"不努力，也能成功"的评价。

总结来讲，也就是说，下属没有积极性，是因为当前的工作环境会让他们感到不安。因此，领导要给下属创造一个能让其全身心投入工作的环境，告诉他们"失败也没关系""要不断挑战自己"。

关于具体的环境创造方法，我将在第三章介绍。

重点

领导应让下属体验小小的成功，创造一个让他们乐意挑战自己的环境，激发下属的积极性，让他们行动起来。

三 以情动人才能让他有参与感

（一）"Do"和"Engage"的细微区别

"行动"在英语中是"Do"。

例如，在表示"做点什么吧"的时候，应该用"Let's do something"；在表示"为人生做点什么"时，则用"Do something with your life"。

另外，在表示"我想做那个"的时候，可以用"I want to do that"来表示。

也就是说，"Do"只是"行动"的意思。

也可以说，"Do"只是按照别人所说的、所教的去做而已。

我们来谈谈"Do"和"Engage"的区别。

例如，领导下达下面所示的两条指令，你更倾向于哪一条呢？

第一种：

辛苦了。

今天公司有一项临时任务，特向各位通知。

请每名员工于×月×日前提交千纸鹤10只。如能提交

10只以上更佳。

提交地点为×层设置的纸箱。

如需了解制作方法,请在(YouTube)等平台自行学习。

谢谢!

第二种:

各位辛苦了。今天公司有一项临时任务,特向各位通知。

本公司特设社会捐献项目,准备向癌症患儿赠送千纸鹤若干。

项目规定,每提供一只千纸鹤,将为患儿捐款1000日元,提供1000只千纸鹤即捐赠100万日元。

因此,烦请各位每人制作10只千纸鹤,宁多勿缺。

请各位留意下方概要。

请制作10只千纸鹤。(能制作10只以上更佳)

提交日期:×月×日

提交地点:×楼设置的"千纸鹤BOX"

※如需了解制作方法,请与我联系。

烦请各位拨冗制作,万分感谢!

无论哪一条指令,都是在呼吁大家做同样的行为——叠千纸鹤。无论是收到第1条指令的人,还是收到第2条指令的人,都会去叠千纸鹤。但是,行为的动机和结果是一样的吗?

第一条指令是将部下的行为变成"Do"。

乍看之下，第二封邮件及第一封邮件都是在请求员工叠千纸鹤，同样要求每人提交10只千纸鹤。

但是，第二封邮件还说明了"让人叠千纸鹤的理由"和"叠千纸鹤能够产生的结果"。而那些被叠千纸鹤的理由或产生的结果感动的员工很可能提交10个以上的千纸鹤。

另外，第二封邮件还特意写了"如需了解制作方法，请与我联系"，这就是以体贴入微的精神，让员工找到归属感和团体意识。

换句话说，这就是对下属发出"Engage"的指示。

这两条指令的内容都是"请制作千纸鹤"，但只有正确的指令，才能改变下属的行为。

社会需要的人才是"能够主动工作的人才""有主动性的人才"。身为领导的你，是否也需要这样的人才呢？

下属到底是会成为"一味听令行事"的"Do"型人才，还是成为"自主行动"的"Engage"型人才，这完全取决于领导如何下达指令。

（二）情感是驱动他人的动力之源

在不断变化的世界中，个人要想获得成长，就必须不断地进行自我改革和自我学习。组织也是如此，在经营多元化、国际化、技术革新以及高度信息化社会的发展中，如果不能变革、进化，就无法生存下去。

那么，怎样才能完成自我改革呢？

事实上，无论环境如何变化，有些事情是不会改变的。那就是——人是有感情的动物。

很多研究都表明，"拥有积极情绪的人能有更高成就"。

2005年，加利福尼亚大学的心理学家索尼亚·柳波米亚斯基（Sonia ljubomiaski）和密苏里大学的心理学家劳拉·金（Lola king）发表了以下研究结果：

"快乐、积极的人，做出无益的、有害健康的行为或反社会行为的概率要比消极的人要少得多。他们身体更健康，在工作上也能取得更好的成绩。"

人会因感情而采取行动。作为领导，你会激发下属的情感吗？

（三）参与感不能靠强制

正如前文所述"人类是有感情的"，同时人类也是"希望被感情驱动"的。

在游乐园坐过山车体验刺激感，看电影被感动，这都是用各种手段让我们的感情产生波动。

每个人的情绪水平都不一样，但在日常生活和工作等各种场景下，每个人都有"希望被夸奖""希望被认可""希望被喜欢"等需求。

当一个人的心情、欲望、愿望、行动与对方产生"共鸣"时，他就会产生参与感。

比如你十分重视"保护环境"，那么你一定更容易被主打环保的商品吸引，你也会更乐意参与提倡环保的工作吧？

人们如果遇到讨厌的事情或者产生了逆反情绪，做事就容易拖延，也就不愿意为此努力。但是，如果我们遇到自己喜欢的事，或者产生了快乐的情绪，行动效率就会大大提高。

这里有一点很重要，那就是参与是自发的行为。无论怎样要求对方"参与"，如果对方不主动，一切都是徒劳。

还不如说，强行要求对方参与进来，只会适得其反。

创造或调整环境，让下属主动表示"想做""想参与"，这才是领导的职责。

要记住，领导要为员工创造一个更容易参与的环境。

重点

当我们在各种感情、欲望、愿望、行动方面与对方产生了共鸣的那一刻，参与感就会出现。参与感不能强求，领导要努力创造让下属能够参与其中的环境。

四 提高下属参与感的两个关键

在工作中,我们有自主行动的时候吗?

另外,为什么我们会自主行动?

你的理由可能是加薪或奖金,这会让你感受到工作的意义。

如上所述,对工作产生参与感的理由是多种多样的。但也有一些人在工作中根本找不到参与感。或许你会觉得,让这群人参与到工作当中实在难度太高。

虽然我们不能强制下属参与,但我们能提高下属的参与感。

下面向各位介绍一下提高下属参与感的必要条件。

想要提高下属参与度,只需抓住两个关键词就可以了。

那就是"自重感"和"共情"。

自重感,即对于"我很重要"的认知。

共情,即与他人感同身受,理解他人的想法。

首先我们来分别了解一下它们的含义。

第二章 什么是"参与"（Engagement）

（一）自重感

领导会对下属的工作和工作状态进行监督和管理，也可以把工作分配给下属，让他们负责项目的一部分工作。

要想激发部下的热情，让他们精力充沛地工作，重要的是让他们主动去"做事"。

如果领导经常说"公司如何如何"，下属就会强烈地认识到"公司是他的"；但是，如果领导常说"咱们公司"，那会怎样呢？

下属们是否也会对"咱们公司"有新的认识呢？

我们要让一起工作的人对这份工作和公司产生"我是重要的人才""没有我就无法完成这项工作"的自重感。

无论是工作还是家庭，只有在觉得"我非做不可"的时候，人们才能发挥出真正的实力和责任感。

当员工、学生、团队成员都有了自重感的时候，他们才会全心全意参与到工作中来，共同奋斗。

想要快速提高下属的参与感，那就请你在和他们相处的时候，让他们感受到"非我莫属"的豪情吧。

《人性的弱点》的作者戴尔·卡耐基（Dale Carnegie）认为，比起种种欲望，人们更渴望"被他人认可"。

换言之，就是人们"希望被寄予厚望""希望被视为佼佼者""希望得到他人的关心"。

卡耐基将这些感情称为"自重感"。

领导应该看到下属的这些需求,对他们做出回应,这才能让下属产生自重感。

此外,美国心理学家、经营学家道格拉斯·麦克格雷格(Douglas Mc Gregor)还提出了"X 理论"和"Y 理论"。这是针对 20 世纪 50 年代提出的人性观和动机论的两个对比理论。

X 理论的基础是,每个人都有个人主义,对工作没有干劲,也不想承担责任。下属只是听令行事,没有命令就不会有任何行动,所以领导要奖惩并施,用"胡萝卜加大棒"管理下属。

另一方面,Y 理论的基础是人们能享受工作,为了自我成长为公司做出贡献,对工作充满干劲。因此,领导重视与部下之间的人际关系,以建立更加平等的工作关系为目标。

换言之,基于 Y 理论,领导如果能给予部下足够的自重感,就能提高他们的参与感。

(二)共情

人心十分复杂,人们会产生各种想法。逻辑思维固然重要,但它不一定能帮我们找到正确的答案。因为,我们认为的正确答案和正确想法,对他人来说不一定正确。

换句话说，100 个人就有 100 种答案。

我们需要不断思考"什么才是领导最该做的"。

之所以我能接连 22 年做领导，管理 80~200 人（乐团成员）的团队，主要就是靠"共情"。

共情之"情"能刺激人感性的一面，让人动感情。正如前文所述，当心情、欲望、愿望、行动与对方产生"共鸣"时，我们就能体会到参与感。人是通过打动心灵的行为和感动来产生情感共鸣的。

近年来，美国商界对"理解对方的想法"和"员工参与感"的关联进行了许多的研究并提出了不少案例分析报告。

2017 年，*The Journal of Values-Based Leadership* 杂志刊登了一篇名为《培养同理心：培养商业领袖的新视角》（*Cultivating Empathy:New Perspectives on Educating Business Leaders*）的文章。文章指出，在建立公司共有的价值观和积极的人际关系时，共情（同理心）是非常重要的因素。

另外，也有其他文章表示"员工参与感问题要靠共情来解决""想要提高员工参与感，首先应聚焦共情力"。

在第一章中，我们探讨了"深挖参与感，产生共情，促进自主行动"，看来共情和参与感的深刻联系早已被科学证明了。

> **重点**
>
> 提高下属工作参与感的关键在于"自重感"和"共情"。而对下属"非你莫属"的认可,是提高其参与感的捷径。

五 用"自重感"提高下属参与感

想让下属更有参与感，就要先让他们产生"自重感"。那么我们要如何激发下属的自重感呢？

下面介绍 3 个激发下属自重感的方法。

★ 向下属传达指示时要从"why"开始。

★ 尽量把决定权交给下属。

★ 评价体系、方式要透明公开。

下面详细介绍。

（一）向下属传达指示时要从"why"开始

首先，我们最应该重视的是，尽可能告诉下属"为什么（why）这项工作很重要"，并让他们理解我们。

比如领导正在给下属下达指令，第一种是"今天把这些资料整理好"，第二种是"我们很快就要迎来一次关乎公司利润的商务谈判。因为你很擅长做图表和整理资料，所以我要拜托你负责这次资料整理的任务。我希望你今天下午 3 点能提交，能办到吗？"各位觉得哪种下达指令的方式更好？

我相信各位会选择后者。

把工作目的明确地告知下属，就能有效提高对方的参与感了。

如果下属清楚地知道自己在这个公司和团体中处于什么位置，做出了怎样的贡献，他的内心就会产生"自重感"，对工作也会更有热情。

即使面对的是杂务或讨厌的工作，如果下属能充分理解"为什么"，就会把自己的努力当作伟大蓝图的一部分，从而积极参与工作。

对领导来说，让下属充分理解"为什么"，正是激发下属自重感的第一步。

（二）尽量把决定权交给下属

"尽量把决定权交给下属"的重要性堪比领导的基本态度，各类书籍或研讨会都对这一理论有过阐述。这一点尤为重要，因为这样的行为能提高下属的自重感。

人们喜欢把听命行事理解为"Do"，而把自己决定去做某事理解为"Engage"。

如果领导对你说"给你 6 个月，让我们的客户量增加 10%，销售业绩提高 15%"，或者"从明天开始每天至少要对接 4 个新客户"，你大概会听令行事。

第二章　什么是"参与"（Engagement）

但如果是为了达成目标，让你不论平日还是节假日都要加班呢？

或许你会感到不满，"凭什么一定要加班？""一天怎么可能开辟 4 个新客户呢？"

如果没有达成目标，或许你还会设法推卸责任，"没有达成目标完全是领导的责任！""我已经按照你说的做了，所以没完成也不是我的错！"

如果领导对你说"我想在 6 个月内增加 10% 的客户量，销售业务提高 15%，你有什么好办法呢？"，或许你就会自己决定"从明天开始每天预约 4 个新客户"。

因为这是自己决定的事情，所以必须负起责任来。

领导不要把决定好的工作任务直接安排给下属，而应和下属商量如何做才更高效，应多让下属出主意，在项目早期阶段就让下属介入进来，把决定权和选择权交给他们，从而让他们获得自重感。

如此一来，下属就会热情高涨，带着责任感投入工作。

（三）评价体系、方式要透明公开

不断提高下属的生产效率，改善他们的工作态度，并让他们保持良好的状态，这对于领导来说是重要的课题。为了实现这个目标，领导有必要对下属的工作进行适当的评价。

你是否曾有过这样的经历：你明明已经很努力地工作了，可领导对你说"这个做错了"。或许当时你也会想"那你为什么不早说！"

人或多或少都有"想做出成绩""想被表扬"的需求。因此，如果领导对下属说"你做错了"，对下属来说就是"事与愿违"，他就很难跟你产生共情。

而如果评价方法不透明，就会发生类似这样的事情。如果你们在平时就能共享评价体系和目标设定的话，下属就能明确"应该做什么""怎样做才能提高评价"，从而避免"事与愿违"的现象。

这样一来，领导就能获得下属的信赖，同时提高下属的参与度了。

但是，与美国企业相比，日本企业的评价体系给人的印象大多"比较模糊"。员工们总是好奇"为什么那个人当上了课长""为什么那个人的奖金比其他员工多"。我们有必要公开评价体系，让员工清楚，自己究竟经过了哪些评价项目。

美国使用的评价方法主要有两种：一种是以数字等可以测量的标准为基础的评价体系，另一种则是行为评价体系。行为很难用数值体现，因此如何将这片"灰色地带"透明化就显得尤为重要了。具体的评价方法将在第五章进行说明。

近几年，"评估"（assessment）这个词在欧美的商界和教育界越发受到关注。不论是企业还是学校，都有义务明确地告知员工或学生"怎样才能获得晋升""怎样才能取得好成绩"。

当一个员工感到"我完成了使命"，感到自己的所作所为有利于企业发展时，"自重感"自然就产生了。领导若能清楚地展示评估体系，就能让下属产生"自重感"。

重点

人们对自己主动决定的事情更有责任感。领导要告知下属"为什么这项工作如此重要"，要把"决定权"交给下属，同时也要保证评价体系和评价方法公开透明，这样下属才会考虑自己该做什么，并努力去完成任务。

六 共情能改变一切

"共情"对激发下属参与感十分重要,而英语里则习惯用以下这个单词来表示共情:

Empathize

这个单词有"明白、理解他人心情"的意思,领导应当十分重视和下属"产生共情"。

在英语中,能产生共情的人被称为"empathic people"。在教育中,"共情能力"则被认为是一项重要技能。

共情看似是定性的,但实际上人们能够主动提高自己的共情能力。

澳大利亚的哲学家罗曼·克兹纳里奇(Roman Krznaric)提出了提高共情力所必需的6个习惯。

★对他人产生兴趣。

★不会先入为主,没有偏见,善于寻找共同点。

★理解他人。

★善于倾听也善于表达。

★能敏锐地感受到大众的动向和世界的变化。

★拥有强大的想象力。

这些习惯对于共情力的培养尤为重要。下面我将逐一进行详细解读。

（一）对他人产生兴趣

要提高共情力，最重要的就是要对他人产生兴趣。

如果你真的"了解对方""理解他人"，在言谈举止上都会有所显现。你只要与对方共情，就能轻松地与他人建立联系，对对方的语言和行为产生兴趣，并做出回应。

能产生共情的人比起关心自己，更关心对方和对方的人生，他们会努力去了解对方。

美国心理学家罗伯特·扎荣茨（Robert Zajonc）曾提出过一个人际关系的基础法则，即"熟习性法则"。其大致内容如下。

★人们对不认识的人会显得充满攻击性、批判性或会表现出冷淡。

★人与人越是熟悉就越有好感。

★人在了解对方人性的另一面时，会对对方产生好感。

扎荣茨的"熟习性法则"认为基于单纯接触效果，即反复接触会提高好感度，加深印象。因为人对不认识的人怀有戒心，所以会变得更有攻击性、批判性，也更加冷淡。但是，通过反复接触，就会消除对对方的戒备心，也就不会采取攻击性、批判性或冷淡的态度与对方相处了。

而且，看到对方的频率和与对方对话的频率一旦增加，我们就会让对方产生"好印象"。在与对方相处的过程中了解对方人性的另一面时，也会对对方产生更多的好感。

但要注意的是，如果对方已经有了令人讨厌或消极的一面，就会适得其反。

（二）不会先入为主，没有偏见，善于寻找共同点

每个人都会受到成长环境和教育的影响，所以我们对各种各样的事情都抱有成见。这会引发歧视、自卑感、优越感等消极情绪。

根据熟习性法则，人们对不认识的人会持批判态度，对于初次见面的人，往往会马上发现其缺点。

但容易产生共情的人，总是更愿意寻找与他人的共同点。

例如，在刚进公司的时候，如果邻座的同事是你的老乡，你会怎么想？

虽然在此之前你们不过是在同一家公司工作的普通同事，但如今你会不会突然觉得他和你更亲近了呢？

领导要抱着"了解对方"的心态，倾听下属的发言，寻找他们与自己的共同点。

下属主动向领导敞开心扉是很困难的,所以应由领导主动开口,这样才能打开彼此间良好人际关系的突破口。

(三)理解他人

人们总是会和与自己拥有类似经历的人产生共情,也更能理解对方的感受。美国有这样一段谚语:

在批评别人之前,先试着穿他的鞋子走一英里。
Walk a mile in another man's moccasins before you criticize him.

每个人都有各自不同的生活方式,大家不可能有完全相同的人生经验。在与人接触时,把对方的人生当作自己的人生,才更能产生共情。

例如,当下属对你说"我家宠物生病了,我能不能请个假",你会怎么做呢?

如今很多人把宠物当成自己家的一分子。养宠物的人,或许能理解这位下属的心态吧?

但是,没有养过宠物或者不喜欢动物的人可能会有这样的疑问:"要是你孩子病了,我能理解,但为了个宠物就要请假,何必呢?"

如果你想理解对方,那就试着把他想象成你关爱的人,这是理解对方的第一步。

为了理解对方,我们要站在对方的角度思考问题,不要在意你怎么想，而要在乎"他怎么想"。

（四）善于倾听也善于表达

款款细语，足以疗愈人心。

这是近代临床心理学鼻祖之一卡尔·罗杰斯（Carl Rogers）的名言。

人一旦倾吐心事，就会感到轻松安然，因为此时他会觉得这世界上是有人懂他的。

领导的工作就是倾听下属想说的话或想说却不能说的话。

领导一说话，下属就会立马闭嘴。因为有上下级关系，下属会觉得"领导训话，不得插嘴"。有时候他们甚至会说一些违心的话，因为他们认为"赞成领导的意见总是没错的"。

在美国，和人说话的时候，自己说话的时间叫作"my time"，对方说话的时间叫作"your time"。

此外，请注意在与人交谈时使用"80/20 法则"。

也就是说，"my time"占 20%，"your time"占 80%。

此外，在倾听时还有一点很重要。那就是领导需要在 20% 的"my time"中完成自我表达。

如果能营造一个让下属轻松交流的环境，他们就会勇敢地表达自己的想法，也就更容易与领导产生共鸣。

领导获得共情力的秘诀是，一边倾听下属的讲述，一边自我表达。在与下属交流时，要注意"my time"和"your time"的比例。而下属的自我表达则是上下级产生共情的重要步骤。

（五）能敏锐地感受到大众的动向和世界的变化

因为人类总喜欢集体行动，所以容易对世界的变化和世人眼中的正确行为产生共情。

例如，环境污染已经成为世界性问题，以全球变暖为代表的各种气候变化和由此带来的灾害已经威胁到了人们的生活。

全球变暖的危机感对我们步步紧逼，关于回收利用和再生能源的提案和项目，就更能引发人们的共鸣。

领导应当经常观察大众的动向和世界的变化，只要仔细分析，就能和下属共情。

（六）拥有强大的想象力

素未谋面，各位知道想象力和共情之间有着怎样的联系吗？

获得共情力的两个重要因素是"理解对方的内心世界"和"让对方理解自己的内心世界"。当这两个世界产生共同点时，共情就出现了。

要理解对方的内心世界，就必须想象出一个与自己内心世界迥然不同的内心世界。因此，我们必须消除刻板印象和先入为主的观念，在自己的内心构建一个完整的世界。想象出一个前所未有的世界，尝试理解它，提出新的可能性，并与对方共享。

相反，如果你本身没有突破自己内心世界的力量，就很难与他人产生共情。

首先，我们需要认识到自己的刻板印象和先入为主的观念，因为它们会影响对方的参与感。

与对方产生共鸣不是一朝一夕就能做到的。因此，为了培养"共情力"，领导应该在平时就养成以上6个习惯。

重点

领导要对下属的话语、行为产生兴趣，也要向下属展露自己。这样一来，你的人际关系就能和"共情力"同步提升了。

七 领导有时候也会妨碍下属参与工作

（一）不要单方面否定

参与度体现着个体心理状态的变化。我们每个人都能感受到自己的心理状态，并受到心理状态的影响而采取行动。

前文中我们已经探讨了提升参与感的手段，那么，什么是不利于增加参与感的工作环境呢？

最容易引发领导和下属之间矛盾的一句话就是"只要按照我的办法继续做下去就一定会成功"。

每个人都在学习新的思考方式和方法。虽然这种方法不一定100%正确，但作为领导一定要明白，彻底理解这些新方法对于提高下属参与感有着极大的作用。

如果领导不去努力理解下属的感受，一味地否定和拒绝下属，就绝对不可能营造出一个有利于提高下属参与感的工作环境。

我们大学新雇了一位年轻教授，上任前他就要求我"多采购些器材"。而且他说的都是我从未听说过，也从未使用过的器材。

因为考虑到"音乐教学未必需要这些器材",再加上他还没正式上岗,同时我们也没有购买音乐器材的预算,所以我打算把这件事往后拖一拖。

但是,当他认真地向我说明这些器材的用法和作用之后,又再次提出购买器材的建议时,我的想法改变了。作为他的领导,我想为他创造一个100分的教学环境。于是我四处筹钱,买了那些器材。

见到我准备好了教学器材,他十分兴奋地说:"使用这些器材可以提高学生演奏的基本功。""有了这台机器,我们的教学方式也能换换样了。"随后他积极主动地思考调整课程内容并和我商量。

而且,他确实把这些器材用到了"刀刃上",学生的演奏水平在短时间内得到了前所未有的提升。我非常惊讶,向他请教了那些器材的用法,再后来我在课堂上也用上了那些"新鲜玩意"。

如果当时我单方面地否定他的要求,不购买新器材的话,他对于工作的参与感肯定不会这么高。

所以,当下属的建议有充分的理由和根据时,领导就是再难办,也要想方设法给他创造条件。

（二）尊重下属的想法和做法

我心中的真实未必是他人心中的真实。

My Truth may not be his/her truth.

两个人的想法不可能完全相同，别人的"所思所想"可能是你的"未曾设想"。上面引言的意思就是"自己了解到的真实（手段、价值观等），对别人来说可能并非真实"。

我们要尊重下属的想法和做法，绝对不要否定下属。

如果你认为他"绝对是错误的"，请把这个想法藏在心里，因为这或许是一个新方向。

在整理资料的时候，如果你的下属用了错误方法，你会怎么想呢？

是不是会觉得"你这种方法肯定行不通，趁早换个办法吧"。

人们会根据自己的经验，将容易成功的方法和容易失败的方法归为两类，并在之后的工作中加以区分。

这样做的好处是不会犯错，但如果被局限于此，就很难找到新方法、获得新创意。

也许还有你意想不到的、更高效的方法呢？想要找到好方法，就要注意，一定不要被固有观念和先例所束缚。

要想建立更好的人际关系，提高下属的参与感，就必须抛开固有观念和先例，多去了解新事物并不断学习。

（三）相信下属

"微观管理"（Micromanagement）指的是对每一个行为进行细致管理和检查的管理方式。

比如领导让下属做 A 工作，但他在下属工作的过程中，还是会不厌其烦地询问"计划书写好了没？""报价怎么样？""约到客户了吗？"。

领导用这样细致的检查项目来确认下属的工作，下属会觉得领导根本不信任他。因此，很多人对微观管理的印象很差。

我所知的日本文化特征就是，人与人并不直接沟通。我很少去提醒下属们的错误行为，也不会去直接纠正他们不合常理的举动。

一旦出现问题，我就会要求员工承担连带责任，并制定新的规则来限制所有人的行动，这就是我创造的微观管理环境。

人在某种程度上是需要指示的。

"把这项工作做完"并不是一个明确的指令，要像前文提到的叠千纸鹤指令一样，提出明确的指示，提供目标、目的、特征等信息，这样工作才更容易完成，过程也更加稳定。

但是，人都不喜欢自己的自由意志受到不必要的控制，因此领导在管理员工的时候要注意适度原则。

提高参与感的关键在于给下属表现自己的舞台。

美国教育者的重要权利是"教学方式的自由"。教育者是专业的教学人员，他们有权决定自己的教学方法，也就是说不能强制规定别人"怎么教课"。

这个道理也适用于其他工作。

微观管理不等于"细枝末节样样管"，所以对下属的信任最重要。因为，对细枝末节都要严查，这本身就是对下属的不信任。很多领导认为，对于不熟悉工作的下属或能力不强的下属，必须逐一确认他每一项工作的完成情况。

但是，如果连细节都一一确认，下属肯定会觉得领导不信任自己。

领导在将工作的目的、内容、日期明确地传达给部下时，如果发现下属还是让人有些担心，其实也可以把定期汇报作为他工作任务的一部分。这样一来，领导就不用担心这个下属能不能做好、能不能按时做完了。

在下属汇报工作过程时，如果发现有做不好的地方或错误的地方，可以运用第三章中介绍的建设性反馈，帮助下属整理工作。要记住，领导最大的任务就是帮助下属成长。

（四）改善消极的环境

员工在参与工作的过程中，难免会有情绪变化的时候。

领导要引导他们产生积极的变化，而不是消极的变化。

长久以来，人们在消极的环境中成长。那个时代，人们把斯巴达教育美化成"狮子会把幼崽推下山崖，让它学会求生本领"。

但是现在在消极的环境中其实很难培养人才。

另外，现在的年轻人，从小就学会了抵制批评教育，他们不仅不习惯消极的环境，还对这种环境嗤之以鼻。

培养出高桥尚子等著名马拉松选手的小出义雄教练，当年在斯巴达教育大行其道的日本体育界，大胆提出了"表扬式培养"方法。

那些被固有观念束缚、坚持斯巴达教育的人，因各种变故惨淡下台。

综上所述，随着时代的变化，教育方式也在逐渐改变。换言之，现在的教育不需要消极环境，我们需要的是积极向上的环境。

虽然领导可以提高下属的参与感，但如果用错误的方法培养下属，反而会使下属的参与感降低。

第二章 什么是"参与"(Engagement)

> **重点**
>
> 妨碍下属参与感提高的最大壁垒就是"过分管理型领导"。想要帮助下属成长,就要经常研究下属能做什么,这才是领导应有的态度。

第三章

人本思想视域下领导的职责

一 创造能让下属参与的环境

构筑 3 种环境,提高下属参与感

前文中,我们强调了"环境的重要性""领导拥有改变环境的能力",接下来我们谈谈领导应该如何创造"易于提高参与感的环境"。

以下 3 种环境最能提高人们的参与感。

★安全环境(safe environment)

★积极环境(positive environment)

★协助环境(supportive environment)

这 3 种环境是递进关系。构建了安全环境才能构建积极环境,最后才能构建协助环境,三者形成一个闭环。

不同的领导创造的环境也大不相同。这就是团队的特点。

你是否也有过换了领导后,工作环境发生巨大变化的经历?新领导稍微改变一下规则或者他的性格跟前领导的性格稍有不同,工作的氛围就会有很大的变化。

相信各位已经了解了领导的强大力量。也正因如此,我才反复强调"创造环境的重要性"。

下面我来具体说明。

1. 安全环境

当你听到"安全"这个词时，你的第一印象是什么？

恐怕大多数人想到的都是"人身安全"吧？

诚然，人身安全十分重要。

但在职场上，安全环境指公司是否禁烟、是否干净整洁、是否有噪声、是否有职场骚扰等现象。虽然这些都已经成为社会常识，但根据不同领导的看法和指导方针，各企业的安全环境要素也有所偏重。

除了物理上的安全，我们还需要心理上的安全感。

心理上的安全感也属于安全环境范畴，在这种环境中我们可以做自己。

人们通常会根据周围的环境和气氛相应地采取行动，而日本人则尤其善于察言观色。

有一天，一家大型家具连锁店的总裁在接受采访时告诉我们，他期待的人才是想到就做、做错了再道歉的人，而不是那种只知道等待命令的庸人。

我觉得他的看法很新颖，能发现那些"主动工作"的人才，这确实值得鼓励。诚然，主动工作的能力是参与感的"副产品"，而且非常重要。

然而，如果没有一个"安全环境"，人们是很难主动工作的。安全得不到保障，你不可能自发地采取行动。因为在不安定的环境下，你可能因为一个闪失就被破口大骂、被降薪，甚至被炒鱿鱼。

让我给你举个反面例子。

A 是一名主管，有一次他拜托下属 B 办事，让 B 发一封直接邮件（DM）。B 很有干劲，以自己的方式稍微更新了一下设计，并拿给 A 看。可是 A 却批评他"为什么要改掉之前的设计？我让你改了吗？"。

你对 A 的反应怎么看？

的确，这位下属可能做了些画蛇添足的工作，而且这并不是领导想要的。

但是，A 作为领导，也犯了一个很大的错误。那就是，A 的态度让 B 从此以后再也不"敢"创新了。为了保护自己，他只能听命行事。

换言之，B 成了"Do"型人才。

在只求自保的环境下，员工绝对不会产生参与感。因此，为了激发下属的热情，领导需要创造一个能让下属安心挑战自己的环境，即安全环境。

2. 积极环境

接下来我们要探讨的是"积极环境"。因为即使建立了安全环境，企业的整体环境若是仍旧消极（消极环境），就会像

好领导怎么当：如何培养积极主动的员工

第二章介绍的那样，依然会阻碍员工参与感的提升。

如果刚才的 A 对 B 的评价是："这个设计很好，我不知道你还有这方面的才能，太谢谢了！可惜这次的工作时间很紧，所以还得麻烦你还原之前的设计，等下次设计就可以交给你了！"B 的想法又会如何？

我相信他一定会情绪高涨地想："我的尝试是对的！我为自己赢得了机会！"

领导的积极发言和回答能激励下属继续奋斗。只要领导给予肯定，下属的参与感必然能够提高。

为了创造积极环境，我们要给下属正确的反馈。关于这方面的内容将在后文详述。

3. 协助环境

最后我们谈谈协助环境。

所谓协助环境，即员工遭遇困难时，除了领导之外，周围人也能为其提供帮助。

如果企业没有协助环境，下属的工作遭遇困难时，也不好意思开口寻求领导的帮助，遇到紧急事件时也不愿意跟领导商量。这会导致下属无法获得参与感，对工作的影响更是巨大。

为了避免发生此类事件，领导必须带头建立协助环境。

在刚才的例子中，如果建立了协助环境，那么下属 B 在按照自己的方式设计直接邮件之前，就会主动找领导商量："我觉得我们目前的设计有些地方还是会让客户费解，所以我想稍微改一改，您看可以吗？"

领导应该帮助那些遭遇困难的下属，并且要乐于和下属沟通交流。此外，为了及时发现下属是否遇到了什么困难，领导也要和下属建立良好的人际关系。

美国的公司往往会给员工安排独立办公室，所以领导会把协助环境称为"门户开放政策"。简单来说，就是"我的大门永远为你敞开"。所以，你也可以告诉你的下属，"如果有问题，可以随时敲门找我，不用任何预约"。

为下属创造一个容易寻求帮助的环境，领导不仅可以随时提出指示，使工作顺利进行，还可以提高下属对自己的信任。因为下属知道，领导永远都在关注着自己。

身为领导，应该明确所有工作的职责，同时也要告诉下属"只要你有需要，我会全力协助"。这样，我们才能逐步构建安全环境、积极环境和协助环境。

总之，更好的职场环境，换来的一定是员工更高的参与度。

> **重点**
>
> 环境是由领导创造的。安全环境、积极环境和协助环境，简单来说，就是领导要明确自己的责任，并能鼓励下属参与工作。整顿职场，要从创造更好的环境开始。

二 不要吝啬表扬

（一）让下属欣喜的话语

如果别人对你说"你真没用"，你会是什么样的心情呢？

恐怕你一定会面红耳赤地想"我是哪里不行？"。你的心情肯定糟透了。

但反过来说当别人对你说"你可真能干"的时候，你就会很是欣喜。

让人们做出反应的并非事实，而是言辞。

一句话有可能让人信心百倍，也可能让人勃然大怒。

因此，领导一定要注意：

想下属所想，注意措辞。

希望被人赏识，这是人类最本质的愿望之一。因此，认可并夸奖下属是改善人际关系的有效方法。

（二）认同下属的"SOS 话术"

如果听你说话的人既不会点头，也不正眼看你，你会有什么感觉呢？

你会愿意跟这种人敞开心扉吗？恐怕你会想早点结束谈话。换句话就是，倾听也要讲究方式方法，好的倾听方式更能让讲述者敞开心扉。

在听对方说话时，我们可以用随口附和来表示"我在听你说话"。在此尤其要注意，即便是附和，也要有积极性。

积极的附和，并不只是默默点头，同时还要说"嗯嗯""哦，我明白了"。领导可以通过积极的附和，让下属逐渐吐露真心话。

在附和时，我推荐使用"SOS 话术"。所谓"SOS 话术"，就是针对对方的言行，用类似以下三句话来回应。

S= 实在了不起！

O= 哦哦，太好了！

S= 什么都难不倒你！

今后当你倾听对方汇报的时候，就可以用"实在了不起！"、"哦哦，太好了！"和"什么都难不倒你！"这三句话来附和对方了。相信对方听了这些话，一定会更愿意向你袒露心声了。

（三）表扬也要"在点上"："认表肯赞"法则

下面介绍一个表扬下属的法则。正如前文所述，对下属的表现给予积极反应或者夸奖下属，可以有效地提高下属工作的积极性。

那么，我们要如何表扬下属呢？

我推荐你使用"认表肯赞"法则。

认 = 认可

表 = 表扬

肯 = 肯定

赞 = 赞成

我总结了表扬他人的 4 个诀窍。特别需要注意的是，表扬要表扬到下属的"心坎里"。

只要你平时能够关注到下属的言行，就能知道他想要得到哪方面的表扬了。

如果下属告诉你"最近，我和客户聊得很好"，那么你就可以推测，他是希望你表扬他在销售方面做出的努力。

而你就应该对他说"能跟客户打成一片，真是了不起""你很擅长做销售啊！跟我说说你的秘诀吧！"。好领导就是要懂得表扬的方向，同时也要听懂下属的弦外之音。

人们得到夸奖会感到欣喜，同时也会更加卖力地工作。

要想弄清"下属想要得到哪方面的表扬"，平时就要多与下属沟通，多倾听他们的想法。

当下属做出成绩时，一定要给予表扬和认可。即使下属的工作积极性再低，你也能激发出他们的参与感。

> **重点**
>
> 下属获得成功的时候,我们不只是要表扬他,还要表扬到他的心坎里。领导认可下属,下属也会更加信任领导。

三 多给予肯定

（一）多说 Yes

假如你向领导提交了一份报告，他会有怎样的反应呢？

是"做得真不错！辛苦了！"，还是"你放那儿吧，我一会儿看看"？

我在美国大学担任系主任的时候，还负责过招生工作。

按照常规的招生策略，我们决定举办一些彰显学院特色的活动。我们花了好几周时间制作企划书。

这些活动我们以前也举办过，但没能成功吸引生源，结果以失败收场。我们吸取了以往的失败教训，重新制作了企划书。

那段时间我们每天都要忙到大半夜，计算费用、制作图表、添加图表，最后终于完成了一份约 20 页的企划书。

第二天，我向领导提交了这份企划书，领导则只是随手翻看了一下我的"杰作"，对我说："箱田啊，这算什么企划？"

我根本没想到他为什么会问我这个问题，所以只好答道："这是我做的企划书啊。"

好领导怎么当：如何培养积极主动的员工

"我知道，我是说你这内容啊，感觉不太行。我听说以前就有人用你这个办法，结果彻底失败了。"

"是的，但是，只是内容相似，我做的企划跟他们完全不一样啊！所以，我觉得它可行。"

"问题大了！既然已经有人失败了，你怎么保障它能成功？"

"院长，请您相信我，一定会大获成功的！我们的企划很有新意，肯定能行！"

"我说不行就是不行！你倒是给我找点成功案例嘛！"

我花了好几个星期才完成的作品，院长却只翻看了一分钟，就草草"枪毙"了它。

迫于院长态度决绝，我也只能无奈地说："好吧，我知道了！"

当下属提交某项提案时，如果领导没有认真审阅，只是表现出消极的反应，下属就会觉得自己的领导"太难伺候"。

当时的我也觉得"就算我们的企划书里有成功案例，他也会挑出其他毛病"，所以我并没再次提交企划书。

从这个事例中可以看出，激励他人的诀窍在于，不要当场否定，而是先给予他人肯定的回应，比如"这个非常不错，做得很好"。

如果案例中，院长先肯定我的企划，又会如何呢？

院长："箱田啊，这是什么？"

我："是我做的企划书啊。"

院长："真好！整理得很全面啊！"

我："谢谢您的夸奖！"

院长："让我先好好看看，我晚点给你回复可以吗？"

我："没问题！"

院长："好的，那么我们之后再见。"

我："谢谢您！"

如果领导一开始就表示肯定，说一句"Yes"，就不会影响下属的参与感了。因此，身为领导，我们应该在不打消下属积极性的前提下，提醒他们做出适当修改。但是，一个人不可能马上改变自己的言行，所以要有意识地养成习惯。

虽然也有人"一被夸奖就翘尾巴"，但并非所有人都是这样。我们应该积极反馈，如果对方真的有些"得意忘形"，我们再用事实教育他们就好了。

不分青红皂白，一上来就说"No"，很可能会挫伤下属的锐气。

总之，领导要学会积极反馈和建设性反馈，肯定下属的表现，这部分内容我将在后文介绍。

想要建立良好的人际关系，我们对待消极反馈就要格外慎重。因为一次消极反馈，可能就会导致人际关系的崩溃。

要记住，即便下属工作出现失误，也要肯定他的表现，这样才能持续提高下属的参与感。

（二）两种反馈方式

反馈是指给予下属关于业绩（行为）的评价（信息）。而反馈也会影响到下属之后的行为。

向下属反馈业绩和结果时，要注意的是，我们反馈的目的不是提醒下属是否有过失，而是为了改善下属今后的行为。

有两种基本反馈方式能够提高下属的参与感。

★积极反馈

★建设性反馈

所谓积极反馈，是指对下属的正确行为和工作进行表扬，从而激发下属工作热情的方法。领导对下属的正确行为给予"做得对""做得好"之类的评价，能够有效提高下属的自信心和工作的积极性。

而建设性反馈则是对下属所做的错误行为或工作予以积极的指正，并将其引导向正确方向。

也就是说，这是一种能够促进下属成长的反馈方式。

要想纠正下属的错误行为和改善下属工作效率低下的情况，领导必须明确告知下属正确的工作方法。

建设性反馈要求积极地指出对方的错误。因为，没有人是抱着失败的心态工作的,每个人都在按照自己的想法工作。

因此,我们应当在肯定下属行为的前提下,指出下属的错误,并提出更好的解决方式。

如果下属没能达成"一个月签下100个订单"的目标,领导该如何反馈才好呢?

如果领导说"你虽然没能达成目标,只签了80个订单,但你已经很努力了",这样还是会影响下属的参与感。因为下属自己最清楚自己没能达成目标,这样的消极评价实在让他难堪。

领导绝对不能否定对方行为,绝对不能使用消极反馈。

在这种情况下,我们首先要指出下属的优点。如果下属为了拿到订单,制作了宣传新商品的资料,但没能达到签下100个订单的目标,你可以说"这份宣传资料很厉害,整理起来很辛苦吧?"

然后,还可以继续问他"资料交给客户了吗",抽丝剥茧地找到问题的关键。如果下属表示资料没给出去,你就可以继续使用建设性反馈,"这么好的资料没给出去太可惜了!你想想该怎么保证让客户拿到资料"。总之,你应该在鼓励他的同时,指出他的问题。

另外,如果下属在制作资料的时候,使用的方法效率很低,你又给了他消极反馈,认为他效率低下,就会引起下属的反感，觉得你多管闲事，其工作参与感也会降低。

因此，我们要使用积极反馈和建设性反馈。比如"谢谢你做了这份资料，内容很棒！但最好在这里加上一个公式，这样做数据会更直观"。

这样做既不会降低下属的参与度，又能跟他们一起思考解决问题的方式。

当下属犯错时，领导应该运用合适的方法指出错误所在，并提供具体的解决方案，而不是掩耳盗铃。这样做才有助于加强下属的工作积极性。

在这种情况下，领导绝对不能说"你要听我的"。我们其实可以通过分析下属的智能类型和学习方式来确定适合他们的学习方法。你可以试着从第一章介绍的"多元智能理论"和"VARK 模型"中寻找所需信息，并给下属提出一些建议。

重点

无论下属是成功还是失败，领导都要先给出积极反馈，为他的努力喝彩，随后再给出建设性反馈，指出问题所在，并提供具体的解决方案。这样做可以避免下属重蹈覆辙，让下属继续进步。

四 共同制定明确目标

（一）领导也要为下属设定目标

在实际工作中，提高下属参与感的关键是"设定目标"。

如果不知道自己前进的方向，人们就无法全力奔跑。

人们都想做出成绩、获得成就，但并不是所有人都能靠自己的力量迈向成功。

作为领导，我们有必要为下属设定一个合理的目标。

领导为下属设定一个既能实现又足够远大的目标，有助于激励他们改变工作方式、提高工作能力。

（二）设定目标要结合具体结果

设定目标时需要结合具体的结果。

我们不仅要设定诸如"提高销售额"的抽象目标，还应该设定清晰目标，包括"何时""如何""达到多少"等具体指标。

在设定目标时，我们可以使用1981年由咨询顾问乔治·T. 多兰（George T. Doran）提出的"SMART法则"，即设定目标需要满足以下 5 个条件：

★ 具体的（specific）

★ 可度量的（measurable）

★ 可实现的（assignable）

★ 现实的（realistic）

★ 有时限的（time-related）

"SMART 法则"是由上述 5 个条件的首字母缩写组成。接下来，我来给各位一一解释。

1. 具体的

设定的目标应该是具体的，要保证所有人都能理解。例如，"提高销售额"这个目标并不够具体，而"将销售额提高 10%"这个目标就会更具体一些。下面还有更好的："通过在销售活动中引入新的应用程序，增加客户数量，将销售额提高 10%。"

这些具体的目标可以帮助员工更清楚地了解他们需要完成的任务，也能让员工更有工作积极性。

因此，我们有必要让所有人看到具体目标并告诉他们应该采取怎样的行动。

2. 可度量的

对于一个目标，我们必须明确它目前的完成度。即使设定了目标，如果不能评估其完成度，那么它就没有意义。

目标应该是能够准确评估的，或者至少有相应的评价体系。

3. 可实现的

个人目标可以设定得简单些，以便自己能够完成。但是在设定公司、团体或部门目标时，如果不能明确各个项目，如"是谁""何时""做什么"等，那么目标将会很难实现。

因此，在设定团队目标时，我们需要确定每个下属的"角色"，例如"B 负责整合企划书"，这样每个人就都能明确自己的任务了。

4. 现实的

设定目标的目的是实现目标，因此我们必须设定现实的目标，而不能只管设定不管完成。

例如，"将公司的销售额在一年内增加 100 倍"这种目标简直是异想天开。但是，如果将其设定为"一个月内将公司的销售额增加 2 倍"就很现实。我们只要寻找当前面临的问题，再改善工作方法，就有可能实现这个目标。

5. 有时限的

目标要明确完成的期限。要设定诸如"在 × 日之前必须完成"之类的期限，这样才能督促人们完成目标。

"SMART 法则"的各个条件都必须满足，尽量避免模糊暧昧的表达方式。

特别是针对那些需要帮助和缺乏自信的下属，我们一定要给他们设定一些能够完成的目标，让他们感受成功的喜悦，让他们多实现几次"绝对能实现的目标"，之后才能让他们挑战难度更高的目标。

重点

"成功体验"能促使下属参与感提高。为了提高下属目标实现的可能性，领导应该制定具体、清晰、易懂的目标。

五　让你的言行更可敬

（一）值得尊敬的领导和不值得尊敬的领导

当我们对某品牌或某公司产生偏好时，通常会被其服务或产品所吸引。

然而，当这些品牌或公司发生不良事件或采取了与自己想法相悖的策略时，很多人会选择"抛弃"它们。

人际关系也是一样的道理。在与尊敬的公司或领导建立联系的过程中，参与感将会油然而生。反之亦然。

我曾经与几位领导共事过，其中有些领导让我十分尊敬，有些则相反。

在此，我将分享两位领导的事例以及对我参与感的影响。

第一位是我刚开始做大学教授时的校长（A校长）。

A校长会参加学校举办的任何活动，运动会、各种比赛、学术讲坛……只要有活动，他的身影就会出现在会场上。

有一天，我带着50个学生参加一次音乐巡演。我们准备当天早上6点出发。到我们出发的时候，我看到A校长居然在巴士边上，一边和学生们攀谈，一边帮学生们搬运行李。

好领导怎么当：如何培养积极主动的员工

看到校长替学生们干"体力活"，我不由得想"跟着这样的领导，我做什么都愿意！"

换言之，我的参与感提高了。

下面再讲另一个校长（B 校长）的故事。

B 校长曾担任军队的上校，他因出色的领导能力和成就而被学校聘用。他的管理方式与军队的管理方式相同，会明确地下达指示，让下属去完成工作。他经常召开会议，听取下属汇报并下达新的指示……

他总是提供清晰的指导，所以工作进展顺利，但 B 院长本人经常打高尔夫球，几乎不参加学校活动，会让下属代替自己参加。因此，他无法获得教授和学生的支持，我也觉得"在他手下干活真累"。

那么，这两位对比鲜明的校长中，到底哪一位取得了成功？

A 校长不仅获得了教授、学生以及当地居民的信任，还筹集了约 10 亿日元的捐款，给学生们修造了新校区。随后，他的"功绩"被传开，被更大的大学挖走，他临走时我们全校师生都感到很惋惜。

另一方面，B 校长在两年工作期间并没有提升学校的名气，最终遭到解雇。

从 A 校长和 B 校长的事例可以看出，领导的行为值得尊重，下属的参与感才会提高。

领导需要经常客观地审视自己的行为，思考"我要怎么做才能让下属工作得舒心""我应该采取哪些行动来赢得下属的尊敬"。

如果你担心自己变成 B 校长那样，那么从现在开始就要提高警惕，并立即改变自己的行为。

（二）没有信任就没有良好的人际关系

各位可能也有这样的经验，人们往往更愿意听取那些他们信任和尊敬的人的意见。

实际上，人们往往会寻求尊敬的恩人、职业榜样、老师等人的建议。有时候，人们甚至会花费高昂的费用来"购买"他人的建议。

因此，成为令下属信任、愿意辅佐的领导，并建立良好的人际关系非常重要。如果没有良好的人际关系，领导的工作就无从谈起了。

建立信任并非一日之功，为了成为下属们信任的领导，我们需要反思自己的言行是否值得尊敬。

想要和下属构建良好的人际关系，我们要做到以下两点。

★常与下属沟通。

★面带微笑。

好领导怎么当：如何培养积极主动的员工

下面具体说明这两点。

1. 常与下属沟通

正如我们在第二章中已经探讨的"熟习性法则"，人们往往更容易对陌生人带有攻击性、批判性，也更冷漠。想要跟下属搞好关系，我们需要有意识地多与下属进行交流，让下属了解你，也让自己理解下属。

此外，交流频率也很重要。人们往往会对他们多次见到或多次听到的事物感到亲近。每月1次、每次2小时的例会其实还不如每天和下属交流5分钟，后者同样能让上下级关系更密切。

正如"熟习性法则"所述，当我们了解对方的品行时，便会对对方产生好感。因此，领导应该开诚布公地与下属交流，不论是工作方面还是生活方面，都要跟下属做到相互理解，这才是提高人际关系的诀窍。

在职场中，如果上下级关系不够密切，那么下属很难对领导知无不言，言无不尽。

所以领导要主动敞开心扉，寻找新的交流话题。

例如，"我周末去打网球了，胳膊好酸""明年我女儿就要上大学了""昨天我看了一档有趣的节目"等，领导可以利用闲谈来主动向下属展现自己。

重要的是，认真倾听下属的话语，做到察言观色，不问、不说那些让人不悦的话题。

谈话时应该注重社交礼仪,不要刨根问底地聊那些私人话题,否则你和他的心情肯定都好不了。

"与下属密切交流"的目标是改善与下属之间的关系,同时让下属更愿意展现自己。我们可以仔细观察下属,看看他们是不是把家人照片放在办公桌上、戴了卡通人物的小饰品等,这样就能找到跟他们聊天的话题了。

带着"我想了解你"的心态与下属交流,就会自然而然地知道应该和下属聊些什么了。

2. 面带微笑

在我的课堂上,我总是问学生下面这个问题。

某宾馆前台有2位员工(A和B)负责接待客人。

A一本正经,B总面带微笑。

如果你要办理入住手续,你会找A还是找B呢?

几乎100%的学生会选择员工B。学生们给出的理由很多,比如"B给人的感觉很好说话""A太严肃了"等。这个问题告诉我们"人们更愿意和面带微笑的人接触"。

目前科学已经证明,当人们看到面带微笑或符合自己审美的面孔时,眼窝前额皮质(决策中发挥重要作用的脑部区域)会变得更加活跃。

密歇根大学的心理学家詹姆斯·V. 麦康奈尔(James V

McConnell）博士说过以下这番话。

People who smile tend to manage, teach and sell more effectively, and to raise happier children. There's far more information in a smile than a frown. That's why encouragement is a much more effective teaching device than punishment.

面带微笑的人更擅长做管理、教育、销售等方面的工作，而且他们也能培养出积极向上、阳光自信的孩子。

面带微笑比愁眉苦脸给我们带来的好处多得多。换言之，鼓励教育比惩罚教育更有效。

下属通常会时刻注意领导的脸色。换句话说，微笑、温柔的眼神、利落的动作等可以成为沟通的关键，有时甚至比言语更重要。愁眉苦脸会让工作氛围变得紧张，降低下属的参与度。

正如麦康奈尔教授所说，生活的经验告诉我们，微笑是有价值的，但难的是始终保持微笑。

领导的态度和表情会影响周围所有人。领导是唯一能够创造环境的职位。所以请记住微笑的价值，时刻告诉自己"要面带微笑"。

> **重点**
>
> 领导的处事方法能够影响下属的参与感。我们应该时刻客观地审视自己的行为,并及时纠正不符合领导身份的行为。

六 你就是导演

我再问大家一个问题：各位对指挥家的印象是怎样的？

或许你的答案是：

永远背向观众。

很引人注目。

指挥着整个乐团。

确实，这些印象都没错，但前两条说得更像是管弦乐队参加音乐会时的指挥。

除了音乐会之外，管弦乐团还会在其他场景下演奏，比如芭蕾舞、歌剧和音乐剧等。在这种情况下，管弦乐团会在"乐池"进行演奏。

所谓乐池，就是在舞台与观众席之间、比观众席低的一片凹陷下去的区域。乐团在乐池里演奏，主要是为了突出舞台，因此指挥家和管弦乐团的成员完全看不到现场观众的表情。

我最喜欢在乐池里指挥演奏了。我已经担任超过40场歌剧和音乐剧的指挥工作，每一场都令我难忘。

第三章　人本思想视域下领导的职责

　　作为指挥家，我几乎没有受到什么格外的关注。我在幕后负责为歌唱家们提供完美的伴奏，在排练期间为歌唱家们提供建议，包括念白的语气和语调等。我这样做是为了让歌唱家们的表现更加亮眼。

　　领导者通常被认为是"领头羊"，好比勇立潮头的将军，因此人们往往会将领导和英雄式的人物画等号。但实际上，领导是支援型角色，领导是配角！

下属的失败是领导的责任。
下属的成功要共同庆祝。

　　最近我看的一部电视剧中，经常出现这样的台词："员工的功劳就是领导的功劳，领导的失败就是员工的失败。"

　　这句话让我很难过，因为这样说会让下属失去参与感。

　　有一天，有个日本人问我："'下属'用英语怎么说呢？"我想了一会儿，到底也没想出答案。后来我上网查了一下，原来下属的英语是"subordinate"。

　　这个单词不仅表示"下属"，还有"下级的、次要的"等含义，"subordinate"给人的感觉并不好，实际上也不常用。

　　在美国的公司、学校和管弦乐团中，虽然有职位之分，但大多数情况下，领导称呼下属为"同事"（Colleague）。因为所有成员都在做同样的工作，领导只是碰巧担任了这个职位。

　　由于领导是上位者，本身已经足够"耀眼"，所以他们不需要再去证明自己是英雄。

相反地，领导应该思考如何让下属成为英雄，并全力支持他们实现这一目标。当团队完成了一个人根本不能完成的任务时，所有人都会为之雀跃。

重点

领导是整个团队的"导演"。要记住"下属的失败是领导的责任，下属的成功要共同庆祝"，要尽力让下属成为英雄。

七 从"我本位思想"到"他本位思想"

（一）代沟是必然存在的

我们总是经常听到"代沟"这个词，也经常听到"最近的年轻人真是不像话"之类的偏见。

因老一辈和年轻一代之间的想法差异而产生的问题在任何时代都存在。

我认为，2021年2月东京奥运会和残奥会组委会前主席森喜朗侮辱女性的言论也是一种偏见。我的父亲也是这样，那些在战前出生的人往往都带着所谓"男主外女主内"之类的想法。

男人负责工作赚钱养家，必要时去打仗。学习方面也是"男女有别"，比如不让女孩子上大学等，这种在今天看来难以想象的情况在过去十分普遍。

因此，对于那些生活在那个时代的人来说，想要做到不歧视实在太难了。

坦率地说，我们已经被代沟束缚了。但即便如此，我们仍然需要创造一个人人都能参与的环境，同时也要理解那些拥有"旧式思维"的人。

（二）"个人想法"是一种固有观念

不会熟练使用智能手机的一代人常说，"年轻人总是沉迷手机，不会跟人交流，这就是手机上瘾"。

然而，实际上熟练使用智能手机的一代人习惯用手机高效交流，手机对他们来说其实是一种办公用品，并且也有很多人靠手机获得了相当可观的收入。

我认识一个年轻姑娘，她在业余时间通过在线应用程序每天直播 1 小时。她用手机拍摄、聊天、唱歌，虽然还没成为"网红"，但是每个月能从直播平台拿到超过 30 万日元的薪酬。每天直播 1 小时，时薪超过 1 万日元。因为她只是在家里使用智能手机进行在线通信，所以没有什么设备成本，可以说这是最好的商机之一。

另外，很多长者之所以认为"年轻人都不会好好跟人打招呼""他们不擅长交流"，也是基于他们"这就是打招呼""这就是交流"的固有观念。

固有观念是指不考虑他人意见和情况变化，僵化地保持某种思维方式的观念。事实上，我们生活的社会比我们想象中变化得更快。因此，如果被固有观念束缚，无法应对社会变化，就会感到自己的常识与年轻人相去甚远。

固有观念会妨碍下属的参与度，也就是说：

固有观念是领导的致命伤。

社会变化越来越快，身为领导一定不能再坚守固有观念了。

身为领导，要想管理好众多下属，就必须理解代沟，需要抛弃固有观念和先入为主的想法，学习新的领导方式、表达方式，以及新的工作方法。

成功人士往往认为自己取得成功的方法是正确的，他们更难以适应社会的变化。

与年轻人深入交流，理解他们的思维方式，这是提高部下参与度的最大诀窍。

重点

代沟必然存在。领导要摒弃固有观念和先入为主的想法，理解自己和年轻人之间的代沟，学习新方法、新观点和新的工作方法。

第四章

提高下属参与感的批判性思维

一 批判性思维能提高人的行为水平

（一）美国人十分重视批判性思维

在提高下属参与度方面，必不可少的是"批判性思维"（critical thinking）。这是美国文科大学教育中最为重视的思维方式。

虽然"批判"这个词总给人一种消极的印象，但"critical"一词中包含着"重要的""不可或缺的"积极意义。

基于这一点，我来为各位详细解释一下什么才是"批判性思维"：

获取并分析各种信息，然后采取行动。

在第2章中，我们深入探讨了"共情及自主行动"的内涵，这意味着在增强参与度方面，行动是至关重要的。

当人们参与工作时，便会产生"想学""想做"的冲动，并开始自主行动。使用"批判性思维"，可以分析收集到的信息并思考如何进行下一步行动，从而提高行动的"质量"。

因此，批判性思维对于提高下属的参与感和促使他们自主采取高质量行动非常重要。

拥有批判性思维，就可以带着自己的想法，根据各种信息采取更加妥当的行动。相反，没有批判性思维，可能会导致错误信息的传播或无法挽回的后果。

而且，无论是做什么工作，是否有批判性思维都会影响工作的质量。当然，批判性思维能力强的人往往能取得更大的成就。

音乐界也需要批判性思维。演奏家（包括指挥家）的工作是演奏作曲家编写的乐曲。

演奏者不能随心所欲地创作音乐，而是按照给定的乐谱演奏。但实际上，即使演奏同一首曲子，不同的演奏者也会呈现完全不同的演奏结果。

这是为什么呢？

实际上，作曲家可以通过乐谱表达的信息只有40%~60%，因此演奏者需要根据自己的经验和知识对乐谱进行分析后再演奏。

所以批判性思维尤其重要。换句话说，演奏者根据自己的经验和知识来考虑如何演奏每一个音符，然后做出决定。如果演奏者的水平很高，他演奏的每个音符都能让听众感动。

总之有了批判性思维（在这里特指音乐演奏所必需的思维力），演奏者就有了让音乐打动人心的能力。

如果一个领导本身具备批判性思维，又能把这种思维方式传授给下属，那么下属对这位领导的信任度和对工作的参与度都会提高。

因此我们有必要深入学习批判性思维。

（二）有了批判性思维，就能"答得对，做得好"

批判性思维在日语中的解释是"先获取和分析各种信息，再采取相应行动的思维方式"，美国人对批判性思维又是如何解释的呢？

下面引用美国批判性思维基金会（The Foundation for Critical Thinking）的解释。

Critical thinking is the intellectually disciplined process of actively and skillfully conceptualizing, applying, analyzing, synthesizing, and/or evaluating information gathered from, or generated by, observation, experience, reflection, reasoning, or communication, as a guide to belief and action.

批判性思维是一种智力训练过程，通过观察、体验、反思、推理或沟通等方式获取信息，并将其概念化、应用、分析、归纳、评估，以作为自己信念和行动的指南。

这段文字似乎有些难懂，下面我来给你简化一下：

具备能够基于事实和真相对信息进行深入分析的能力，并以此作为自己思考和行动的指南。

这段文字强调了具备批判性思维的重要性。这种能力让我们不再偏听偏信广告和传闻，而是通过深入分析事实和真相来找到正确的答案，并将正确的答案作为自己的信仰和行动的指南。

企业需要员工具备批判性思维能力，因为即使有很高的积极性，如果没有找到正确的答案和行动方案，也会走向谬误。

这个理论不仅适用于下属，也适用于领导。

如果领导没有批判性思维，他们在培养下属时将无法分析信息并引导出正确的答案和行动方案，从而陷入 KDD 模式或固定思维。换句话说，他们不懂得人本位的教育方式，只知道从自己的角度教育下属。

一旦掌握了批判性思维，一个人不但能提高自己行动的"质量"，而且能对自己的行为负责。

重点

有批判性思维和没有批判性思维的人，即便做同样一件事，也会有不同的结果。领导不仅要有批判性思维，还要让下属也学会批判性思维。

二 学会运用批判性思维

（一）批判性思维的 6 个阶段

每个人都具备思考的能力，并最终根据自己的想法采取行动。

有些人说"我没有想法"、"我只是听令行事"或者"我对自己的想法没有信心"，但"听从别人的意见"也是他们自己的想法及判断。

即使是幼儿，也是根据自己的经验和情感行事，这意味着每个人都会基于自己的经验并运用批判性思维解决问题。

此外，在 2020 年，美国心理学家琳达·埃尔德（Linda Elder）博士和理查德·保罗（Richard Paul）博士宣称，人们的批判性思维可以分为 6 个阶段。

他们将这 6 个阶段分成了一个金字塔型（见图 4-1），并表示通过提高批判性思维水平，人们可以成为更高级别的批判性思维者。

现在，我们就来学习这 6 个阶段，也了解一下自己和下属各自到达了哪个阶段。

水平

高

第六阶段　思维大师
第五阶段　高级思维者
第四阶段　践行思维者
第三阶段　入门思维者
第二阶段　学会质疑者
第一阶段　不会思维者

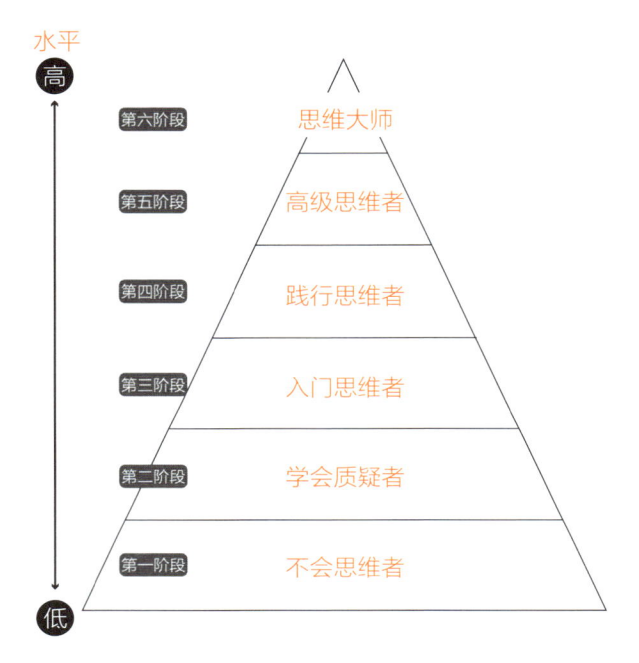

低

图 4-1　批判性思维金字塔

1. 第一阶段　不会思维者

不会思维者指的是那些没有意识或不愿反思、改进自己思维方式和刻板偏见的人。他们从不关心自己的思维方式，也不在乎思维方式对自己生活的影响，因此他们容易接受带有成见、偏见和错误的信息，也常常有错误观念和错误判断。由于不会思考，他们缺乏批判性思维能力。

此外，不会思维者也没有解释自己想法的能力。

他们难以将真实性、准确性和逻辑性等标准应用到自己的思维方式之中，只知道感情用事，不去思考就先行动。

2. 第二阶段　学会质疑者

学会质疑者指的是那些意识到思维的重要性，并开始认识到"自己缺乏思维能力"的人。

这种认识对于提高批判性思维水平非常重要。因为，想要解决自己的问题，首先就要承认自己遇到了问题。

学会质疑者开始理解"为了高质量地思考，首先要明确什么是'思维'"。他们开始意识到自己在思维方面存在很多问题，并能够承认这些问题。但是，他们并不能发现所有问题，因此处于第二阶段。

学会质疑者认为，掌握假设、推理能力并形成自己的观点，对于形成批判性思维是必要的。然而，这只是批判性思维的入门级别。

由于学会质疑者相信自己的想法比实际情况更好，因此很难意识到自己的想法也可能是错的。

换句话说，他们会认为自己的想法绝对正确，不愿承认自己的错误。

3. 第三阶段　入门思维者

成为入门思维者后，我们就能主动控制自己的思维，这对于我们的人生有巨大的影响。

入门思维者承认自己的思维也有盲点和局限，他们会为了避免谬误而竭尽全力。但是他们毕竟能力有限，还没获得真正的批判性思维。

入门思维者最重视自己产生某种想法的"原因"，他们开始逐渐理解自己的想法和言行。

此外，他们开始关注自己想法背后的固有观念、成见和偏见，理解它们对自己判断的影响，并通过这种方式提高自己思维的明确性、准确性和逻辑性。

4. 第四阶段　践行思维者

践行思维者拥有认知和解决自己思考方式的弱点和缺陷的技巧。他们通过养成更好的思维习惯和不断分析自己的思维方式过程来思考问题。

因此，践行思维者能够充分理解自己思维方式的优缺点并做出相应的行动。但是，由于他们仍然不能系统地分析自己的思维方式，所以可能会受到自我中心或自私的影响而做出错误判断。

要从第四阶段进入第五阶段，需要掌握知识忍耐力（intellectual perseverance），即在任何情况下都能根据真相并依靠洞察力思考问题的能力。

5. 第五阶段　高级思维者

高级思维者在任何情况下，都能冷静分析自己当下的想法。他们能够认识到自己和他人的固有观念、成见和偏见，并能公正地思考问题。

高级思维者虽然在考虑问题时能够在一定程度上摒弃自我中心性，但他们始终无法做到完全摆脱。

6. 第六阶段　思维大师

思维大师完全掌握自己处理和判断信息的思考方法。他们始终在努力提高自己的思维能力，并通过积累各种经验，不断提高自己的认知水平。

思维大师对自己的思维方式有着敏锐的洞察力，他们能够完全摒弃自我中心性，并寻求公正的答案。

此外，思维大师通过阅读获得实用的知识和卓越的洞察力，他们永远在质疑自己思考的前提是否可靠、自己的逻辑是否正确以及是否存在固有观念、成见或偏见。

此外，即使他们的想法受到批评，他们也能冷静地分析，而不会表现出愤怒的情绪。

因此，思维大师拥有最高水平的批判性思维能力。

（二）领导和下属应该达到的目标

通过各阶段的说明，随着"批判性思维"阶段的提升，人们开始逐渐认识到个人思维能力的强项和弱项，并学会运用洞察力进行分析。

我将 6 个批判性思维阶段分成了几个小组。

1. 第一、第二阶段

这一组别包含不会思考的人或自以为自己具备独立思考能力的人。他们往往认为自己是正确的，而不会反思。

2. 第三阶段

属于这一组别的人已经认识到思维的重要性，虽然他们已经开始分析自己想法的正误，但分析能力还有一定的提升空间。

3. 第四、第五阶段

了解自己思维的强弱项，能够洞察自己的想法是否有谬误，但时常被自我中心性束缚，从而做出错误判断。

4. 第六阶段

能够分析自己的思维，不做错误判断，而且能够彻底摒弃自我中心性，能够公平公正地看待一切。

领导者需要具备洞察力，能够分析自己的思维并摒弃自我中心性。因此，我希望各位能够争取达到第四阶段或第五阶段。

另一方面，领导还需要指导下属，使他们能够认识到自己的想法可能存在错误，并努力助其达到第三阶段。

那么，领导者如何才能达到第四或第五阶段呢？

从下一节开始，我们将讨论提高批判性思维水平的方法，请各位务必一试！

> **重点**
>
> 批判性思维是可以锻炼且越练越强的。领导先要拥有高水平的批判性思维,这样才会有能力优化自己的团队。

3 种能力帮你提高批判性思维水平

想要达到上文中的第四、第五阶段，我们就有必要提高自己的批判性思维水平。而想要实现这一切，我们需要锻炼 3 方面的能力。

★独立寻找答案的能力。

★有逻辑地分析自己思维的能力。

★理解他人、寻求多样性的能力。

下面我来一一说明。

（一）独立寻找答案的能力

我们在学校教育中学会了"寻找答案"的能力。

日本人习惯为了获得高分而寻找正确答案。

但是，对于一个没有"正确答案"的问题，我们该如何解答呢？

例如，"你是否支持安乐死？"这就是一个没有准确答案的问题。

想要发展批判性思维能力，我们一定要注意：

> 要对常识怀有"反驳和质疑"的精神。

我们通过不断地思考"why"来质疑自己和周围人的常识，这样可以促进自己的思维能力发展。换言之，我们要不断思考"为什么正确"以及"为什么错误"。

（二）有逻辑地分析自己思维的能力

正如第二章所述，人类是由情感驱动的，在许多情况下我们会受情感影响做出决定并行动。

我也有很多次将自己的信念和情感作为判断标准的经历。其中一些判断是成功的，但也有很多非常失败的例子。

逻辑思维需要依靠的是"数据"和"真相"。我们要找到正确的数据，认真考虑这些数据的可靠性，然后根据这些信息得出自己的想法（真相）。

因此，判断什么是正确数据的能力对于批判性思维来说非常重要。

在一个任何人都可以轻松发布信息的社会中，找到正确的信息并不容易。

网站上发布的信息也有很多错误，并且有大量不可信的信息存在。

想要提高批判性思维水平，需要具备辨别信息、指出正确方向以及做出符合逻辑的判断的能力。

（三）理解他人、寻求多样性的能力

人们往往受到自己成长环境的影响。改变家庭和学校教育传授给我们的思考方式，忘记那些所谓的"真相"并摆脱环境本身是不容易的。

然而，社会已经进入多元化意识的时代。社会需要比以往更高水平的批判性思维能力。

批判性思维能力低的人无法接受自己的错误或否定性意见，因此无法理解多样性。

高水平的批判性思维者具备广阔的世界观，敢于追求真相。想要提高批判性思维，就要跳出自己狭窄的视野，理解来自世界各地的各种人的想法，并探究答案。

你知道吗？对于一位领导而言，高水平的批判性思维能力对于培养具有"主动性"的员工非常关键。

为提高下属的批判性思维水平创造环境，这也是领导的重要任务。而在这之前，领导必须始终努力提高自己的批判性思维水平，不断成长。

> **重点**
>
> 社会在朝着多元化时代发展,商界也是如此。寻找真理离不开高水平的批判性思维。

四 让下属拥有高水平的批判性思维

前文我们已经讨论了提高批判性思维水平的重要性和方法。作为领导者，我们在督促自己成为高水平的批判性思考者的同时，也要把下属培养成拥有高水平批判性思维的人。

换句话说，锻炼下属的批判性思维也是领导者的任务。

事实上，我尝试过各种方法来锻炼下属的批判性思维，其中有5种方法颇为见效，下面就来为各位一一介绍。

★ 不断地用"why"来求证信息。

★ 成为"魔鬼代言人"。

★ 从失败中找到成功的部分。

★ 鼓励。

★ 支持发问。

下面我们从第一个方法开始学起。

（一）不断地用"why"来求证信息

世界上充斥着大量的信息。你可以在互联网上搜索到自己需要的任何信息。要知道，以前这些都是只能靠专家才能完成的事情，而现在通过 YouTube 等网站，任何人都可以免费学习和练习。

过去我们需要花钱购买的音乐现在只需支付月费就能订阅，随时听歌。

我在担任教授的这些年，有很多学生写论文使用网络上的信息作为佐证材料，一问，他们就说"网上就是这么说的"。

当然，互联网上也有很多有价值的信息。你也可以接触到超越专家的见解和来自世界各地的研究论文。

但不要忘记，互联网上也有很多错误的信息和被篡改的数据。

领导可以通过经常要求下属提供正确信息来锻炼下属的批判性思维。

当向下属寻求信息时，建议用"为什么"的方式进行提问，让他们去寻找依据。

（二）成为"魔鬼代言人"

你听说过"devil's advocate"这个词吗？

这个词可以翻译成"魔鬼代言人"，它是一个经常被使用的英语隐喻表达方式，指的是在商业活动或公司内部讨论中，提出批判和反驳的人。

我曾经作为大学的系主任，为了给我们学院增加几个教

好领导怎么当：如何培养积极主动的员工

师名额，主动给领导们说明情况。在回答提问时，其中一位领导这样说道：

"今天我就来当这个'魔鬼代言人'，问您一个问题吧。如果其他部门（因我只为你们学院拿到用人名额）说你们学院坏话，或者妒忌你们，最后搞得整个学校的气氛剑拔弩张，你要怎么处理呢？"

我只想到了我的学院，没有考虑到其他学院。虽然这位上级领导同意我的请求，但他还是要当"魔鬼代言人"向我提出异议，让我认识到深入思考的必要性。

领导可以通过提出反对意见或者其他方法，鼓励下属凡事多想一步，并引导他们产生更好的想法、行为和选择。

（三）从失败中找到成功的部分

在第 1 章中，我们谈到了成功经验的重要性。领导者的工作是引导下属走向成功。

但是，无论多么努力，在工作或生活中都有许多事情无法取得成功。

在工作中未能实现目标通常被称为失败。领导者要分析"失败"的结果和原因，并在其中寻找成功的部分。

有一次，我的领导提出了一项目标，让我们在一年内招收 24 名新学生，因此我给每个下属设定了个人目标。

我给下属 A 设定了招收 8 名学生的目标。他为实现目标而努力工作，但最终只招收了 6 名学生。

换句话说，他没有达到目标（失败），他自己也知道自己没做好。

但作为领导，我还是祝贺他招到了 6 名学生，并没有追究他的责任。此外，我还祝贺他招收的这 6 名学生都是"学霸"。他们的学习成绩（主要是考试成绩）是大学平均水平的 1.5 倍。要知道，想要招到这么优秀的学生是很不容易的。这就是为什么我祝贺他的原因。

后来我跟他一起分析、探讨，为什么他能招到这么优秀的生源。他也下定决心表示明年一定要想办法招到 8 名学生。

结果第二年，A 果然招到了 8 名学生。

不要单纯地把失败当成失败，而是要找到失败的理由，要想办法提升下属的批判性思维能力。

（四）鼓励

愤怒和思维能力是成反比的。正如在前文介绍的关于批判性思维的 6 个阶段一样，处于较低阶段的人往往会受情感的影响。

而处于较高阶段的人则能够控制情感，即便遭到反对意见或行为，也能做到不当场发作，并进行适当的回应。

好领导怎么当：如何培养积极主动的员工

身为领导，无论自己处于哪一个阶段都应避免表露出自己的"怒意"。因为表达愤怒是一种强调自我主张的行为，这会妨碍下属批判性思维的发展。

我当时还是新任教师的时候，给学生们布置了一些很简单的作业，但还是有人没完成。那时的我年轻而愚蠢，我觉得一定是学生们看我"初来乍到"就欺负我，于是我没有深思熟虑就责骂了学生。结果学生们不但没有反省他们的行为，反而很是气愤，居然找到我的上级领导去告我的状，最后事情闹得很不愉快。

如果我当时没有那么情绪化，也没有发怒，而是仔细分析学生们为什么不做作业，并向他们解释"为什么布置这项作业"以及"为何需要完成这项作业"的话，或许反而能给学生们一个难得的学习机会。

愤怒只会带来更大的愤怒。所以，作为领导，我们一定要学会控制愤怒。

（五）允许提问

下面请看这句很有名的谚语：

世界上根本不存在所谓的"白痴"问题。

There is no such thing as a stupid question.

这句话的内涵是，如果你对一件事不了解，那就不要沉

第四章 提高下属参与感的批判性思维

默不语，而要积极发问。它告诉我们，获得正确知识、信息的重要性。

下面再看另一个俗语：

若你瞎假设，傻气也会感染我。

ASS–U–ME

When you assume, you make an ASS out of U and ME.

这句话教育我们，相信谎言、胡乱假设会把所有人都变成白痴。所以，做人做事一定要求真务实。

这两句话总结起来就是以下两点：

求真务实。

为了寻找真实的答案，就要对自己不明白的地方反复追问。

想要锻炼下属的批判性思维，就要给下属创造条件，允许他们探索未知，提出问题。

重点

信息泛滥的时代，合理有度地收集正确的信息尤为困难。作为领导者，我们有责任向下属传达批判性思维的重要性，让他们去了解真相并正确地辨别事物。

第五章

让下属更有参与感的评价方式

一 ▶ 下属的成就源于领导的评价

（一）多让下属体验"成功"

想提高下属的积极情绪，最好就是让他们体验成功。之所以我能如此确信，正因为我有多年担任领导的经验。

2004年，我被任命为一支几乎面临倒闭的交响乐团的音乐总监。演奏者（成员）们都是志愿者，演奏技术也很差，每场音乐会的观众只有200人左右，我们主要靠州政府提供的补助金勉强维持运营。

如果演奏者不能用心演奏，音乐就不能打动人心。我们的团员个个情绪低落，他们觉得乐团不受欢迎是无可奈何的事。

为了摆脱这种状态，我必须提高演奏者们的参与感。我认为，当务之急是让团员们取得小小的成功，于是我想到了两种拯救乐团的方法。

第一种方法就是用有趣的演出吸引不太了解音乐艺术的观众。

比如我们可以跟马戏团合作，或在演出时配合视频播放，总之我们要办一场让人感到有趣的音乐会。

另一种方法就是选择符合乐团成员演奏水平的乐曲,如果曲子的难度太高,成员们就只是疲于应付而无法奏出真情实感,更不能感动观众。

乐曲如果足够简单,团员们就会演奏得游刃有余,表现出乐曲蕴含的丰富情感,从而打动人心。换句话说,他们会更加重视作品的质量。

我努力尝试了这两种方法。多年以后,我们每场音乐会的到场人数都突破了1000人,每年还会开办几次观众超过5000人的大型户外音乐会。因为我们表现优异,州政府给我们的活动经费提高了5倍。我就任的第10个年头,我们乐团已经成为本州的顶级乐团。如今,全体团员欣欣向荣,谁能想到我们的乐团曾经濒临倒闭呢?

这些措施促成了乐团的巨大变革,一切都是团员参与度大大提高的结果。

通过不断取得小小的成功,他们的参与度得到了提高,个人能力也得到了提升。

成功经历能真真切切地提高员工的参与度。你现在相信了吧?

（二）下属失利或许是因为你们对"成功"的认识不同

图 5-1 是下属和领导对成功的不同认知。

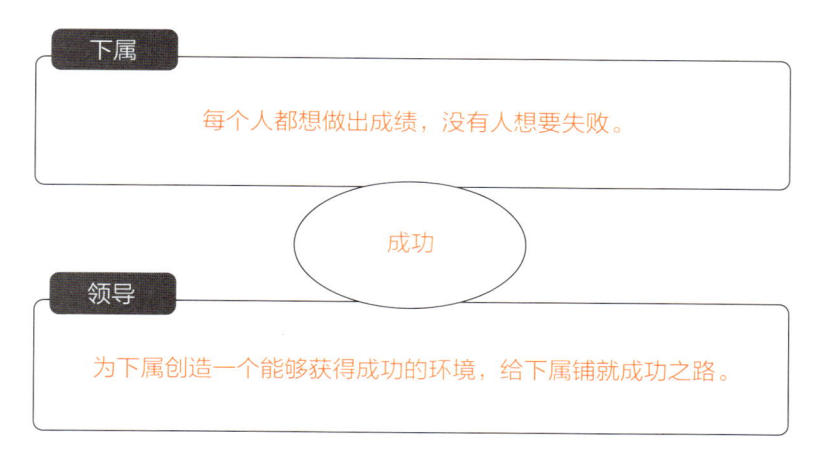

下属
每个人都想做出成绩，没有人想要失败。

成功

领导
为下属创造一个能够获得成功的环境，给下属铺就成功之路。

图 5-1　下属和领导对成功的不同认知

对于下属来说，开发了新客户、新产品的创意被上级采纳、自己参与设计的产品成功问世就是"成功"。有时，达到自己设定的目标、出人头地、升职加薪也算是一种"成功"。

当然，不同的下属对成功的定义也不相同。

实际上，不同的领导对成功的看法也不一样。

我先后和 5 位不同的领导共事约 22 年。我们在同一个工作单位从事着相同的工作，但是我得到的评价却因领导而异。

A 领导非常器重我，所以我升职很快，并且在他调职到其他学校时，他多次邀请我加入。

B 领导则完全不欣赏我。他曾考虑解雇我。

C 领导则完全不关心我的工作，让我自行处理。

D 领导对我评价也不低。

E 领导严厉批评过我。

这些评价完全不同。

为什么我用同样的方式做着相同的工作，得到的结果却如此不同？

这是因为各个领导对于评价标准有着完全不同的看法。

例如，喜欢音乐的 A 领导和 D 领导认可我的音乐才能，这就是他们的评价标准，他们不只关注事务性工作和数量化的任务。

不看好我的 B 领导、C 领导、E 领导，对音乐完全不感兴趣，他们只会根据事务性工作和数量化的任务来评价我。

换句话说，有时候下属（也就是我）的失败，并不是因为下属"做得不好"，而是因为不同领导的评价标准不同。

曾经作为下属的我不知道这些。我被不同领导的评价影响，有时候感到困惑、心灰意冷，思考着"到底该怎么做才能正确、成功？"。

（三）要明确对"成功"的评价标准

下属和领导都是普通人，只不过我们的感情、好恶、看待事物的价值观并不相同罢了。

为了提高所有下属的参与感，我们就不能把个人感情和价值观当成评价标准，更不能折腾下属。

您可能听过类似这样的牢骚："领导喜欢他，才提拔他的！""他很会讨领导欢心，所以领导对他才那么好。"尽管事实并非如此，但在职场上，人们对升职加薪和嘉奖总有一些类似的"牢骚"。

这是因为人们不知道具体评价标准，因此会自己臆想出消极的理由来解释别人的成功。

作为领导，你一定要给下属一个明确的评价标准，或者说明他人获得嘉奖的理由。

这样一来，员工就能够理解应该追求什么样的"成功"，避免传播负面言论带来不良影响。

符合评价标准就是职场上的"成功"。

因此，我们需要制定具体而明确的评价标准。

接下来，我将教会各位如何制定有利于提高员工参与度的评价方法和评价标准。

重点

下属心中的"成功"和领导心中的"成功"并不相同。领导要让下属理解自己的评价标准。

二 领导必须掌握的 2 种评价方式

（一）2 种评价方式

我们的评价方式大致可以分为 2 种：第一种是"定量评价"（quantitative assessment），第二种是"定性评价"（qualitative assessment）。

定量评价是一种用数字来表示的可以衡量的行为、实验以及有明确答案的问题的评估方法。

下面我们来看几个例子：

开发了 50 个企业客户。

每月销售额增长 30 万日元。

生产效率提高 10%。

日本的教育体系常常以定量评价为主。因此我们习惯用那些有准确答案的问题作为衡量学生水平的标准。

换句话说定量评价是一种所有人都能理解的、具有透明性的评价方式。它的优势是便于使用。

但是，这种评价方式也有其局限，那就是它只能评价有准确答案的事物。

定性评价是一种评价人们行为、情感、选择原因和模式的方法。

例如，在评估工作态度、客户服务态度、音乐演奏等方面都会使用定性评价。

与相对易于理解的定量评价相比，定性评价会因评价者的不同而导致评价和标准的变化，因此在公正性方面仍旧存疑。

明确评价方式，对于体现透明度和公平性非常重要。

（二）必须明确评价方式

作为领导者，必须明确评价方式，这样所有员工都能够清楚地知道如何才能实现"成功"并相应地采取行动。

在批评某人"他连基本工作都做不好"之前，我们先要给"基本工作"下一个明确的定义。

而在考虑评估方法之前，领导应该先为每位下属确定目标。同时要与下属一起思考"担任这项职务的人需要做些什么""下属需要用到哪些具体技能""工作的目的是什么"等内容，然后为每个下属设定合适的目标。

假如你给下属设定了"开发新客户"的目标。首先我们要把目标设定得更具体。我利用第三章中介绍的 SMART 法则制作了表 5-1。

表 5-1 用 SMART 法则开发新客户

维度	目标
S specific（具体的）	开发 5% 的新客户
M measurable（可度量的）	现有企业客户共 300 个，所以还需要再签约 15 个企业客户
A assignable（可实现的）	新商品销售总监 B 主导这个项目
R realistic（现实的）	从现在的情况看，我们能在 6 个月内获得 15 个新企业客户
T time-related（有时限的）	6 个月

设定具体目标之后，我们就要开始考虑适用的评价方式。

（三）可以用数字衡量的目标要使用"定量评价"

设定目标之后我们就要开始设定评价标准。

领导想要提高下属的参与感，就要选择一个合适的评价标准。

如果能用具体数字衡量的目标，就要使用定量评价方式来评价。

正如前文所述，"开发新客户"的目标可以用数字衡量，即"6 个月内开发 15 个新企业客户"。

我们把目标和评价标准联系起来，所谓达成目标，也就是达到一定的标准。

"开发新客户"的目标可以用"达成指数"来表示，我们把目标（标准值）放在数轴正中心，左右两边就是指标、标准。

"开发新客户"是目标，而"在6个月内开发15家新企业客户"就是标准和指标。

定量评价将目标表示为"达成点数"标准，并将目标（标准值）设定在中间水平。在日本的评估体系中，我们通常把目标放在最高位置（最右侧），这和正确的定量评价有着很大的区别。

如果将"开发新客户"这个目标的达成点数设置为5个等级，则目标（标准值）不应该是"5"，而应该是图5-2所示的"3"。

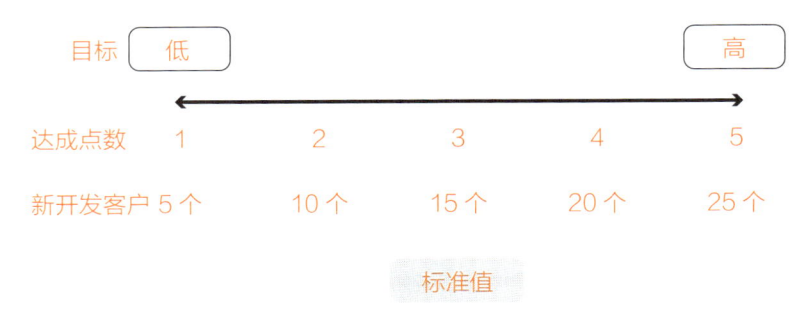

目标	低				高
达成点数	1	2	3	4	5
新开发客户	5个	10个	15个	20个	25个
			标准值		

图5-2 定量评价中的目标点数设定

把目标达成点数作为标准值，下属就可以明确"什么是好的表现"和"哪方面需要改善"。而让下属了解标准值，也能督促他本人根据个人情况设定诸如"达到标准值就好"或者"我要超过标准值"之类的目标。

如下属超过了标准值，获得了更多新客户，领导也能对其进行公正的评估，从而提高其参与度。

（四）不可以用数字衡量的目标要使用"定性评价"

我问各位一个问题，不能用数字衡量的行为和态度（例如工作习惯、工作态度、服务行为等）应该如何评价？

根据我的经验，这些评价主要受到"评价者"的价值观和经验等个人因素的影响。

在我25年前刚开始做教师时，美国的评价体系有很多灰色地带，数字无法衡量的行为或态度通常会根据评价者个人的价值观做判断。

有一次，一位非常出色的学生来参加歌唱比赛。我教他演唱了一首难度很高的歌曲并送他参赛。

比赛中，他的音准和表现都非常完美，所有人都被感动了，但结果却令人失望。评委老师把自己的价值观放在了第一位，说"这是不适合高中生唱的歌"，并取消了这位学生的参赛资格。

比赛应该评价的是学生的表现，而歌曲选择不应成为被评价的对象。尽管如此，评委老师仍然基于自己的价值观，对选曲指指点点。

这种定性评估方法不仅在音乐界，而且在各种学科中也引发了不少问题。

因此，在过去的15年中，美国教育界致力于解决"如何使定性评估更公平"的问题，而最终他们采用的方法是"评价表"（Rubric）。

如今美国教育界使用评价表来评价无法用数字体现的内容。实际上，在音乐比赛中也已经开始采用评价表来评价选手表现。因此，上文中提到的问题已得到解决。

领导必须对下属进行数字化、可视化的评估，因为如果没有具体的标准，就无法公平地评价下属。对于难以数字化、可视化的内容，评价表为我们提供了具体标准，从而实现了公平的定性评估。

评价表有各种类型，基本原理如下：

评价表是一种评价工具，它能将目标或结果分成各种标准和具体级别。

即使无法数字化，我们至少也要列出具体的评价标准。

例如，在评价工作习惯和工作态度时，可以把每个行为算作一个指标，如表5-2所示。

表 5-2　使用评价表进行评价的具体案例

评价等第	评分	时间管理情况	打招呼情况	与同事沟通业务情况
良	4	时间管理高手，按时完成工作 了解自己的工作时间	上下班时能跟同事大声打招呼 十分了解公司规定，互相尊重，注意语气和措辞，能自信地与人寒暄、对话	能在规定期限内高效与同事交流（邮件或会议） 交流时使用的语言妥善且有礼貌
好	3	了解时间管理，能在期限内完成工作 有时间意识，能遵守时间	上下班时能跟同事大声打招呼 了解公司规定，能与同事相互尊重，注意说话的语气和措辞	交流（邮件或会议）偶尔延迟 交流时使用的语言偶尔不合时宜
一般	2	虽然了解时间管理，但不能保证在规定期限内完成工作 虽然知道按时出勤的重要性，但偶尔迟到	上下班时能跟同事打招呼 理解公司规定，但偶尔还是会说不合时宜的话	交流（邮件或会议）偶尔延迟 交流中使用的语言偶尔不合时宜
差	1	不懂时间管理，经常不守时 经常迟到早退，又找各种借口搪塞	从不问候同事 不遵守公司规定，语言粗俗，中伤他人，说话从不考虑措辞	从不与人交流（邮件或会议） 交流中使用的语言经常不合时宜

在使用评价表之前，评价是由评价者根据其个人的价值观单方面决定的。但这很不公平，因为评价结果会因评价者的价值观差异而不同，进而引发社会不公问题。

就像表 5-2 一样，评价表中的每个项目都有具体的要求。通过这种方式，评价表可以为难以数字化、可视化的评价项目提供具体的行为标准和评价标准，从而实现公正的评价。

为了提高下属的参与感，领导需要做出公平公正的评价。由于评价需要具体目标，因此领导需要结合定量评价和定性评价两种方法，给每个下属设立适当的目标。

重点

通过定量评价和定性评价，下属可以自己评价自己并了解自己目前的水平。领导可以通过制定具体且明确的评价标准，让评价体系为团队建设打好基础。

三 "备课"的重要性

（一）想要好好"教课"，就要花时间准备

在第一章，我们探讨了教学方法的多样性。而选择教学方法的永远只能是作为施教一方的领导。我们不能选择那些对于我们来说更加方便的教学方式，而要选择能降低下属学习成本的教学方式。

领导一定要有这样的气势——成功不必是我，而必须是我的下属！

关于领导向下属传达信息和沟通的方式，已经有许多书籍和研讨会提供了各种技巧。

在这里，我们不论"物理"上的方法（比如说话方式、观点），而是专注于讨论思维和原理。

让我们从教育学的角度一起思考如何更好地向下属传达信息和教授技能吧！

（二）讲出目的和目标

培养下属时，我们首先该做的是让下属了解"目的"和

"目标"(时间、状态)。

看不到目标，下属自然会感到迷茫无助。

我们在向下属传递知识的时候，往往不太重视逻辑，而是单凭自己的直觉和努力，好像碰运气刮彩票一样地给下属"上课"。

另外，很多时候我们还会不自觉地沿袭前任的方法和公司的传统。

说话方式和教育方式等方法，在很大程度上受领导的特性、个性影响，所以，即便你模仿上一任领导或者领导力专家的教育方式，也不一定能顺利教会下属。我们往往太过重视模仿，而忽视了传达目标和目的。

（三）培养下属要有计划

领导者应该将"下属该学习什么"和"下属应如何学习"明确地列入计划，让所有下属有效地学习必要的知识和技能。

因此，为了明确下属需要学习的内容和技能，领导制订"单元计划"和"课程计划"。这些是美国教育界长期使用的方法，我们可以将之引进公司培训体系，从而实现"激发下属参与感的教育"。

首先，我们要逐条列明"把什么技能教给下属""下属需要什么技能"，再把每个项目单独做成"单元计划"。"单元计划"能够提纲挈领地归纳培养下属的整体教学内容。

接下来我们要根据每个"单元计划"制订相应的"课程计划"。"课程计划"会把每个教学内容分成若干个课时，并详细描述。

换句话说，"单元计划"能抓住培养下属的整体方向，明确目的和评价体系，同时也能指导我们进一步制订"课程计划"，选择能提高下属参与感的教学方式。

接下来我将详细介绍如何创建和使用"单元计划"和"课程计划"。

通过制订"单元计划"和"课程计划"，我们可以制定具有一致性的下属培训计划和培训内容，从而使目的和目标更加清晰。

此外，不论是"单元计划"还是"课程计划"都要便于理解，即使领导不在场，其他人也可以代替领导培训新人。

重点

领导能决定如何指导下属。我们应该做好万全准备，保证即便领导不在，也能通过一贯的流程培养新人。

四 "单元计划"的制定方式和使用方式

（一）培养下属要把握好整体方向

制订下属培养计划的时候，一定要把握好整体方向。"单元计划"是从整体上明文规定"教学"内容的纲领性文件。

通过制订"单元计划"，领导可以归纳出自己的理念，比如"培养下属的终极目标是什么？""希望下属掌握哪些技能和知识"等。

下一步就是了解下属"能够掌握哪些知识和技能"。

要知道，不论进取心多么强烈，没有明确的目标，人就永远找不到正确的方向。

因此，"单元计划"应该包括以下4个主题：

★ 标题。

★ 学习目标和学习内容。

★ 与工作、公司的关联性。

★ 达成目标所必需的技术、信息、时间。

下面我来为各位一一介绍。

（二）用 4 个主题归纳培养下属的目标和内容

1. 标题

即"单元计划"的标题。

"单元计划"案例的标题是"新业务：从准备阶段到销售阶段"。我们可以模仿它的做法，做到清晰易懂。

2. 学习目标和学习内容

即明确学习目标和学习内容。

具体写出期望的效果和获得的技能（目标），例如"要学习什么？""为什么一定要学这些内容？""通过学习这些内容，能达成什么结果？"等。

我们可以具体写出"掌握企划书制作、促销技巧"等目标。

接下来具体写出"学习的内容"。此时领导可以要求下属学习相应的技能和知识，可以用"学习××"的格式填写，让人一眼就能知道下属需要学习什么、领导需要教授什么。

正如"单元计划"表述的一样，我们要写出学习的具体内容，让看到"单元计划"的人明确在这个在单元计划"中下属需要学习什么，以及下属能够获得哪些技能。

3. 与工作、公司的关联性

"单元计划"案例明确了学习目标和学习内容如何影响公

司和工作。

领导者需要"始终关注个人行为的正当性",并通过在"单元计划"中写明学习目标、内容与公司目标和企业理念的相关性来证明下属学习的意义,并寻求领导行为、教学内容的正当性。

只有明确了"学习"与"工作"的关联性,我们才能激发下属对于学习的参与感。

4. 达成目标所必需的技术、信息、时间

写出 1~3 个项目后,我们就可以制订一个大体计划了。其实我们不需要写得太详细,做到"单元计划"案例的水平就可以,比如"将学习分成几个部分""使用何种学习方法"等。

通过制订单元计划,我们可以掌握下属培训的整体情况,避免"只见树木,不见森林"的情况,不会忘记下属培训的整体目的和目标。

重点

"单元计划"可以将下属培养的整体概念逐条地展现出来。领导要明确自己应该如何指导下属,并让下属明确目标。

"单元计划"案例

1. 标题 新业务：从准备阶段到销售阶段
2. 学习目标和学习内容 如果企划被采用，则须掌握整体流程 掌握企划书制作、宣讲、销售技巧 ①新企划通过后的目标 学习新企划的重要性 学习从企划书制作到销售的整体流程 ②企划书制作方法 学习企划书制作的重要性 学习制作企划书所需的各类知识 ③宣讲技巧 学习宣讲技巧的重要性 学习宣讲的整体流程 学习宣讲所需的资料 ④学习销售方法 学习销售方法的重要性 学习客户相关知识 学习销售方法
3. 与工作、公司的关联性 通过新企划，提供符合市场需求的产品 采纳下属的想法和意见，共同完成新企划
4. 达成目标所必需的技术、信息、时间 需要4天共8小时的学习时间 简化概念说明，用大块时间分组制作资料，以角色扮演的形式进行实践 每组都需要有反馈

五、"课程计划"的制定方式和使用方式

（一）教学要具体

接下来，我们学习制作"课程计划"。

所谓"课程计划"，是指在培养下属的过程中明确下属应该学习的技能和知识，并写出学习这些知识的具体方法的一种"计划书"。

领导可以在"单元计划"的基础上，结合想要传授给下属的所有知识和技能制订"课程计划"。

"课程计划"包括以下 5 方面内容：

★ 标题。

★ 目标。

★ 与单元计划的关联性。

★ 行动计划。

★ 评价。

下面我来逐一介绍。

（二）"课程计划"的 5 个方面

1. 标题

标题应该用简短的语句描述课程计划中的内容。

例如"新企划通过后的整体目标"、"企划书的制作方法"、"宣讲技巧"和"营销策略"等。

标题一定要力求简单明了。

2. 目标

目标就是"学习的成果"。

此时我们一定要以"下属本位思想"为指导，具体列明"下属学习这些课程后能做到××""他们学习这门课程之后能掌握××"等。

在这部分写明重点，我们就相当于给行动计划打好了基础。

3. 与"单元计划"的关联性

这部分与"单元计划"的目标与学习内容相互关联。

4. 行动计划

行动计划是"课程计划"中的关键部分。

它包括实际的行动和活动、所需时间以及相应的目标。

我们要按照"课程计划"的顺序，尽可能详细地列出内容，包括使用的设备和印刷材料（教材）等。

除教学内容外，还要写下开场游戏等。这样可以营造出课堂氛围。

尤其要注意的是，所有行动计划都与目标相关联。

每个行动计划都必须有一个"为什么要这样做"的理由。例如，在类似于"课程计划"案例中的5个行动，每个行动都要有与之对应的目标。

将行动和目标关联起来，能清晰地表明每个行动的意义和目标，避免遗漏和缺失。

5. 评价

"课程计划"中也必须有下属对各个目标达成情况的评价部分。

"课程计划"案例中使用了"口头表扬之类的评价"。

行动计划中的"总结"表述为"用一句话总结所学内容"。类似这样的简单句子，可以让下属们复习自己的学习内容，也能让领导掌握下属的学习情况。

请各位利用好这种简单的方式来检查下属的学习情况吧。

制作"课程计划"的时候，要将"单元计划"的关联性、对应的目标、教学手段等具体写出来，这样大家在技能学习过程中就不会有遗漏了。

> **重点**
>
> "课程计划"可以明确下属所需学习的内容、技术、信息以及学习方式。领导可以把所教内容全部写进"课程计划"。

"课程计划"案例
1. 标题 企划书制作方法
2. 目标 ①下属能够达到思想积极和人际关系和谐的状态 ②下属能够理解企划书的必要性 ③下属能够理解企划书中必要的项目
3. 和"单元计划"的关联性 学习企划书制作的重要性 学习制作企划书所需的各个项目
4. 行动计划 ①破冰：提出简单的问题（10分钟） 比如，最近的爱好 ②关于本公司的企划书（20分钟） 为什么需要企划书，与没有企划书的情况进行比较说明 ③企划书的制作方法讲座（30分钟） 一边展示过去的企划书，一边对项目进行说明 ④企划书的制作和发表（50分钟） 设定主题、目标，并制作企划书 发表要在小组内进行，每个人都要发表意见 ⑤总结（10分钟） 对所学知识的提问与反馈 研修问卷调查
5. 评价 学习过程中的发言 完成的企划书的内容 学习完成后的问卷调查结果 行动计划"总结"中对"学到的东西"进行提问

六　评价方式和计划书并不是目的

（一）下属的状态和情况会时常发生变化

领导要通过评价标准、评价方法、"单元计划"、课程计划等"工具"，明确培养下属的手段，这样才能避免"教学方法"的千篇一律，为下属创造优秀的学习环境。

或许各位觉得，那就把这些"工具"准备好就够了。

但这样是很难让下属接受的。

因为下属的情况和状态，不仅会在入职第一年和第二年发生变化，就连在培训前和培训后，能力和目标、与领导的人际关系等方面都会发生变化。

如果领导没有人本位思想，不懂得根据下属的状况、状态采取合适的方法进行评价或教导，下属的参与感就无法提高。

领导一定要让下属体验"成功"。

为了让下属积累"成功"体验，或者为了让他们取得成就，领导要退居幕后全力支持他们。

无论"单元计划"或"课程计划"多么出色，如果下属没有认真学习，那就只能是领导的自我满足，毫无意义。

领导必须认识到"下属的状况和状态是不断变化的"，并要根据下属的变化不断更新各种"工具"。

（二）明示评价方式，引导下属走向成功

如果领导不向下属明示评价项目和评价方法，或者不给予适当的评价，下属就不知道应该朝着什么方向前进。为此，领导应该设定目标，为下属导航。

此时，领导要认识到自己和下属对成功的定义是不同的，要根据定量评价和定性评价两种评价方法来设定目标。

领导应该经常思考"怎样做评价才能让下属更有热情""怎样做才能让下属成功"，一边和下属商量，一边根据实际情况设定目标，明示评价方法。

这样一来，下属就能知道"怎样才能达成目标""做什么才能得好评"等，从而全身心地投入工作。

为了提高下属的参与感，领导应该制订周密的下属培养计划，根据下属的状况和状态更新目标和评价方法。要想引导下属走向成功，领导必须在关注到下属个人偏好的基础上，为其创造良好的教学环境。

第五章 让下属更有参与感的评价方式

重点

下属的情况在不断变化。领导要时常更新计划，努力创造更良好的环境。

第六章

专业领导的标准

一、领导的标准

（一）现实社会中领导的作用

本书前五章讲解了现代领导应该采取怎样的态度和行动以提升下属的参与感。

接下来我们会讨论领导者所面临的问题以及如何应对这些问题。

我曾多年身居高职并向不同公司的管理层请教过领导技巧，在此期间，我发现他们对下属抱有很多不满：

"下属只知道听令行事。"

"下属之间关系不好，氛围很尴尬。"

"某些下属自尊心太高，经常反驳我。"

"由于下属不同，很难为每个人制定具体目标。"

把他们的烦恼总结起来，无外乎以下3点：

★ 下属个人问题。

★ 培养和沟通方面的困境。

★ 不知道如何为每个下属设定目标。

正如前五章所述，思维、智力和学习方式因人而异。因此，领导需要认识到个人的差异性，并采取个性化方法与每个下属进行交流。

（二）解决问题，但不削弱下属的参与感

对于领导来说，我们难免要解决团队内部问题，并且，我们解决问题的水平也与其他人对我们的评价挂钩。

然而，我们解决问题的方法主要还是靠直觉、胆识和出奇制胜，这种情况在第一章中已经介绍过了。

但是，我们解决问题之后，下属是否会感到遗憾或不能接受？参与度是否会大大降低？这种解决问题的方式是否会对领导和下属之间的关系产生巨大影响？

我们好不容易和下属建立的良好人际关系，怎能被这小小的挫折彻底击溃呢？

领导解决问题的能力与下属的参与度直接相关。因此，领导解决问题时必须考虑下属的参与度。

下面我们将详细介绍领导最为困扰的3个问题。

重点

想法、感受因人而异。领导不应该以自己为中心，而应该根据下属的情况调整管理模式。

二 了解下属为什么"做不到"

（一）只会听令行事的下属

如今许多公司都需要"有独立思考能力的人才"。你是不是也希望拥有这样的人才呢？

可是，实际情况是很多下属只知道听令行事。

导致下属只知道听令行事的原因有二：

★已经有了足够的参与度。

★没有安全感。

针对不同的情况，领导应该如何应对呢？

1. 已经有了足够的参与度

能够自主思考和行动的下属看起来参与度很高，而需要指示才能行动的下属看起来参与度很低。然而，只知道听令行事的下属并不一定没有参与度。

有很多人接受了"认真完成他人的嘱托，不要做其他事"的教育。对于这些人来说，"听令行事"就已经是尽力工作了，也就是说他们已经有了足够的参与度。

因此，我们要培养出那些"不止于听令行事"的人才。

首先，领导应该将公司希望下属"不止听令行事"和"主动工作"等想法传达给下属。

其次，领导应通过具体案例，向下属揭示"不止听令行事"和"主动工作"的定义，并展示明确的成功案例，这样就能让下属主动展开行动，并走向成功。

2. 没有安全感

如果没有"安全环境"，即环境不允许员工有超额完成任务要求之外的尝试，那么下属就没有安全感，为了保护自己，就只能听令行事。

你是否有过把自己的想法和做事方法强加给下属的经历？在下属超额完成任务要求之后，你是否给予了消极的反应呢？

如前文所述，安全环境、积极环境、协助环境对于促进下属的自主行动十分必要。

如果下属超额完成任务也无法得到赞扬、认可和鼓励，那么对他来说，超额完成任务就失去了意义。

为了激发下属的自主性，领导需要经常观察下属的工作表现，并在下属取得成果时做出积极评价。

（二）开会时不发表意见的下属

你有没有发现，在会议中发表观点的人永远是那几个人？

通常情况下，会议总是由多人参加，很少有一两个人就能开完的会议。可是为什么每次发言的总是那几个人？

原因是，很多人会胡思乱想：

"我的意见不会被采纳。"

"会议跟我没关系。"

"到底为什么要开会。"

"快点散会吧。"

这降低了他们的参与度。

为了让下属全身心地投入会议，我们必须让他们产生自重感，这部分内容已经在前文中给出了论证。

领导应该向下属说明"为什么要召开这个会议"和"你的角色是什么"，以便让下属知道"参加会议是有意义的"和"我的意见很重要"，让他们产生自重感。

此外，还有一些下属不擅长在人前发言、对自己的观点缺乏信心，或是被其他人的观点压制，自己反而不敢发言。

面对这种情况，我们可以通过改变会议氛围或更改提问方式等来创造一个容易发言的环境，从而让这部分下属也开始愿意发表意见。

好领导怎么当：如何培养积极主动的员工

领导者不能搞"一言堂"，还应该提出问题让下属发表意见，并且我们要让下属先发表意见，这样的环境才会让下属更愿意发表意见。

总之，通过改变环境，我们就能更好地采纳各种不同的意见，并发现更多新问题。

（三）自尊心过高的下属

当我们发现下属不擅长团队合作时，通常会认为这是由于他个人沟通能力或性格等原因造成的，但实际情况并非如此。

下属不会与他人合作，主要有两个原因：一个是个人问题，另一个则是环境问题。对于这两种情况，领导需要采取不同的对策。

首先，我们要确定下属不会合作到底是由于个人原因还是环境原因造成的。

1. 个人原因

如果不擅长团队合作的原因是下属个人问题，我们可以进一步分为以下两种情况。

能力导致其不擅长合作。

批判性思维水平低下。

对于这两种情况，领导需要采取不同的对策。下面我来逐一说明。

能力导致其不擅长合作

一些人喜欢独自思考和工作，不擅长与他人交流。

这类人在多重智能理论中具有较高的内省型智能和较低的人际关系智能，因此不适应参与团队工作。

如果有可能，领导要利用好下属的性格和个性，巧妙地安排、协调团队成员的职责，这样才能让下属在团队中拥有一席之地。

批判性思维水平低下

在前文中介绍的批判性思维水平较低的人可能会因为受到个性和情感影响而强调自己的观点，或者不愿意倾听他人的意见，从而对团队合作造成影响。

领导可以使用前文介绍的建设性反馈向下属传达什么是对、什么是错，帮助下属认识到自己可能犯了错误，并了解自己不一定处处都是正确的。这样做可以提高下属的批判性思维水平。

2. 环境原因

那些看似不能在需要团队合作的环境中游刃有余地工作的下属，他们本身不一定讨厌团队合作。

人是会受到环境影响的。如果团队的环境不好，不论下属是否擅长团队合作，都可能无法发挥最大的实力。

这个环境包括在第一章介绍的物理和心理环境以及在第三章介绍的安全环境、积极环境和协助环境。

在这种情况下，领导需要仔细分析下属所处的环境，并创造或调整出一个让下属能够积极参与并发挥实力的好环境。

（四）理由颇多的下属

在任何工作环境，都会有很多喜欢找借口的人。

他们总是找各种理由来拖延工作完成的最后期限，或者拒绝领导交代的工作任务。

当下属因为找借口而拒绝工作时，领导对此往往一筹莫展。最糟糕的情况是，有些领导不想"得罪"这种难缠的下属或者干脆对他们的工作能力产生怀疑，索性把任务交给其他下属。

下属"找借口"往往会受到环境的巨大影响。在一个容许找借口的环境中成长的人，也就习惯于用借口来解释问题和逃避责任。

领导应该明确地告知下属公司或部门期望的工作态度和评估方法，并将公司或部门期望的态度和行为记录下来，让所有人共同努力实现共同的目标。

（五）不能守时的下属

下属不能遵守工作期限的原因有很多，例如"忘记了最后期限""有其他任务，太忙了""不知道为什么必须遵守期限""觉得期限并不重要"等。

大多数情况下，超时的原因是工作太忙任务太多。然而，也有一些下属没有意识到期限的必要性和重要性。

因此，领导应该采用多样化的方法来应对这种情况。

重要的是，"工作期限的决定权在领导手中"。

对于那些因为工作繁忙而忘记期限的下属，领导需要时刻掌握他的工作情况，并与他共同确定工作的优先级和分配方式。

对于那些没有意识到期限的必要性和重要性的下属，领导需要明确地指出"为什么需要在规定期限内完成这项工作""为什么要在规定日期内开工"等问题。

不同的人具有不同的时间观念。有些人希望拥有私人时间，有些人可以熬夜工作，也有些人希望准时下班等。

因此，领导需要以"对方的角度"而非"自己的角度"来思考如何帮助下属安排好时间，这部分我们已经在第一章中做过介绍。

人们往往会对自己的决定负责。在向下属分配工作时，领导应该询问下属，"我想把这项工作交给你，你看什么时候能完成？"。你要和他一起确定期限。这样，下属就会对工作和期限负责，并积极参与其中。

（六）不会跟人问候、缺乏社会常识的下属

令我颇感意外的是，居然有领导因为下属"不会跟人问候""没有社会常识"而感到烦恼。

这可能因为领导们多少有些固有观念（见第三章），或者明明是因为自己的指令不明确才导致下属达不到要求，但他却认为只是因为下属太无能（见第五章）。

时代在变，问候方式和社会常识也在变。所以，领导者往往会陷入固有观念和偏见之中，认为下属不会问候、没有常识。

正如第三章所述，"固有观念是领导者的致命伤"，所以领导要先把自己的固有观念和偏见"丢掉"，然后，温柔地教育下属，让他们知道什么才是正确的行为。

此外，如果领导没有明确说明"什么是问候""常识为什么如此重要"，那么下属可能根本不清楚问候和所谓社会常识的定义和重要性。

如果领导对下属说"你怎么连招呼都不打？这是成年人的常识啊！"，那么这样的负面评价会破坏领导与下属的关系，并不利于激励下属。

此时我们最需要学习第三章谈到的积极反馈。

"为什么在我们公司（部门）问候如此重要？""为什么我

们要学习这些社会常识?"这些问题都务必要和下属讲清楚。领导要温柔,要有耐心,以积极肯定的态度指导下属。

> **重点**
>
> 工作不积极并不等于偷懒、磨洋工。领导需要告诉下属应该要做什么,让下属对工作任务有个大体的印象。

好领导怎么当：如何培养积极主动的员工

三、培养和交流遭遇阻碍时该怎么办？

（一）客户投诉了我的下属

在这种情况下，我们一定要态度明确，让下属知道"我永远支持你"。许多领导认为"顾客就是上帝"，而不会听取下属的解释，直接批评下属"你怎么搞的？客户刚才打电话来投诉了"。但是，如果这样做，领导与下属之间的人际关系将会迅速崩解。

所以即使下属真的没做好，我们也要先"站在他这边"，并认真听取他们的解释。

有不少领导总是急于求成，他们只是随便跟下属解释几句，然后就开始不断灌输自己的解决方案和意见。

然而，无论原因如何，下属才是整件事的核心，他们收到客户的投诉时，本身已经十分痛苦了。因此，我们需要的是"共情"。

领导应该与下属共情，询问下属"发生了什么""为什么会这样"。

随后还要和他们一起思考"问题出在哪里""怎样才能解

决问题",并尽快行动。

如果问题的根源在于下属,那么除了必要的指示外,还要和他一起探讨如何解决问题,并要经常沟通,及时给予对方反馈。

(二)当下属愤怒的时候

下属偶尔会表现出愤怒。对于领导来说,这是非常棘手的问题,但你必须知道他们愤怒的理由,并予以理解。

下属之所以会发怒,很有可能是因为愤懑不满、怀才不遇之类的"心结"。

因此,作为领导,首先不要发表意见,而要倾听下属的意见。或许,从下属的话中,你还能发现部门内部的问题和公司整体的问题。

要注意,不能一开始就对下属愤怒的理由嗤之以鼻。下属需要改正的是他的态度,而不是发怒的理由。

听完下属的讲述,你可以对他说:"你说得很有道理,这确实是个问题,需要大家一起改善。但你今天表现出的态度确实不好。我觉得你应该注意你的措辞。"你可以使用第三章介绍的建设性反馈来"见招拆招",这样下属就能冷静地分析自己到底哪里做错了。

而且,这样做的好处是,领导和下属之间的关系不会受损，而且我们也能保持良好的工作环境，让下属的参与感不断提升。

（三）下属之间相互敌视

下属之间的互相仇视和争吵，对领导来说就像一场噩梦。如果可能的话，我们真的希望所有员工都能和睦相处，通力协作。这对公司来说也是最好的结果。

除了办公室丑闻之外，职场人之间互相敌视的原因，主要是大家的批判性思维水平不高（见第四章）。

处于第二、三阶段的思维者不会意识到"我才是对的""我是不会错的"其实都是错误认识，他们习惯根据自我和感情对事物进行选择和判断。

发生矛盾的下属大多是第二、三阶段的思维者，因此领导必须提高下属的批判性思维水平。

领导不能光凭自己的推测来判断谁对谁错，而是要公平地听取双方的意见，共同思考解决办法。

为此，我们不仅要听取每个下属的意见，还要让下属自己思考"想怎么做""如何解决问题"。此时如果下属提出了极端的方法或对公司不利的方法，就应该运用第三章中介绍的建设性反馈，引导下属找到既可行又不"出格"的解决方案。

（四）让下属高高兴兴地学会必要技能

在工作中，我们有必要传授下属公司的规则和工作方法等。

在对下属进行培训时，最好采用一些能够提高下属参与感的指导方法，而且领导的态度尤其重要。正如第二章所述，在消极的环境中，下属绝对不会有任何参与感。所以无论何时都应该积极愉快地指导下属。

技能学习不只是时间越长，教得就越好，重要的是要以"学习"为中心。一般来说，员工都有"想要好好学习工作必要技巧"的想法。

但问题在于有些下属没有学习的欲望。正如第一章所述，如果让下属产生"必须要做"的想法，他们的参与感就会降低，学习的效率也会变差。

因此，领导才要让下属产生"想做"的想法。

在第五章中，我曾经谈到想要提高教学水平，就要花费时间备课。既然我们要传递给下属必要的工作技能，就应该事先制订"单元计划"和"课程计划"，创造能让下属一边参与一边学习的环境。

此时我们可以利用第一章介绍的"VARK 模型"，开发一个能让全体下属都能学懂、学透的教学方式。

（五）解决与下属的沟通问题

我经常听到很多公司领导跟我诉苦，他们表示和下属在沟通上出了问题，比如"无法将自己的想法传达给下属""下属无法理解我说的话""无法与下属顺利沟通"等问题。

那么，沟通问题为什么会出现呢？

如果领导交代给下属的工作与下属想象的不一样，领导一方会认为"我确实讲得很明白了"。

另一方面，下属则会认为"领导的指示很模糊，我根本没听懂"。

如上所述，沟通上的问题是由互不理解和误会引起的。有时候，小小的误会就会引发重大问题……

为了避免出现这样的问题，领导必须掌握主导权，全力投入工作。此时我们需要注意以下两点：

★不能固执己见。

★创造一个不容易发生误会的环境。

如果领导经常把自己的意志强加于人，他与下属之间的人际关系出现裂痕，也无法创造能提高下属参与度的工作环境。因此，领导必须创造一个不容易与下属发生误会的环境。

下面我来分别讲解这两个重点。

1. 不能固执己见

如果领导只知道表达自己的意见，而且还有固执己见的毛病，下属就会变得噤若寒蝉。

因此，我们要学习第二章介绍的"获得共情力的6个习惯"，主动倾听下属并主动向下属袒露心声。

在刚才的例子中，首先领导不要固执地认为"我已经讲得很清楚了"，而应该考虑"可能只是我自己觉得讲清楚了，但下属还没懂"。在此基础上，我们还要和下属沟通，询问他们"我的指导方式是不是有什么问题""我到底是哪部分没讲清楚"。领导要以真挚的态度倾听下属的讲述，而且要乐于接受下属的意见。

2. 创造一个不容易发生误会的环境

第三章分别介绍了安全环境、积极环境和合作的环境。

在刚才的例子中，如果领导已经创造了这3种环境，下属如果有不明白的地方就能立刻向领导确认。因为下属能够一边消除工作中的疑问，一边推进工作，所以他们的工作成果大概率能够符合领导的心意。

我们平时就要鼓励下属发表自己的意见，并表扬、认可他们的行为。总之，既然工作环境允许下属"不懂就问"，上下级就可以保持密切的沟通，建立信赖关系了。

最终，不解和误会都将过去，沟通问题也不会再出现了。

（六）提高下属的创造力

恕我冒昧，各位听说过"创造力"（creativity）这个词吗？

这个词一般用于形容画家、作曲家、诗人等艺术工作者。但近年来，这个词开始拓展到各个领域从事内容创作的人群中。

随着技术和科学的发展，创造力更有可能拓展到商业领域。但是，这种可能性如果不能转化为创意，就无法完成商业化。

领导的职责是对下属的创意和企划进行讨论，并判断是否可行，如果下属缺乏创意和创造力，领导就要想方设法提高下属的创造力。

但是，除了思考新企划之外，领导的工作堆积如山，一直指导下属可能会导致公司的生产效率低下。

难道只有少数人才能掌握创造力吗？

我在哥伦比亚大学攻读博士学位时，写了一篇关于教育的论文，我的基本观点是"人人都有创造力"。

只要稍微听过一些音乐的人，都能想象出宏大的交响曲。在美术方面，人们至少可以想象出艺术画作。

也就是说，人类或多或少都具备一些创造力。

那些看似缺乏思考能力和创造力的下属，当然也具备这样的能力。

那么为什么有些下属看起来没有创造力呢？这并不是因为他们不具备创造力，而是因为他们不知道如何将脑海中的想象实现。

因此，领导需要创造一个能够让下属把想象付诸现实的环境。

我们要多用肯定的态度倾听下属的想法和创意。

此外，我们还要多用"how"或"why"的句式不断追问，这样可以提高他们把想象付诸现实的可能性。

这样，领导就能在指导下属的同时不耽误自己的工作了。

重点

下属冲动时，领导首先要带着同理心去倾听下属的心声，在此基础上，看清问题的本质并妥善应对。

四 根据下属特点制定不同目标

（一）能够达成目标的下属

对于创业者、领导、管理层来说，树立远大目标是重要且必不可少的。但是，仅凭领导个人的目标，很难实现公司整体的目标。

领导只有为所有下属设定各自的目标，才有机会实现公司的整体目标。

假设某领导有 A 和 B 两名下属。领导给每个下属都设定了"一个月开拓 10 个新项目"的目标。

那么，你觉得他们两人谁更有参与感呢？

下属 A

1 个月开拓了 12 个新项目。

很好地完成了领导的指示。

下属 B

一个月只开拓了 6 个项目。虽然没有达成目标，但与客户建立了长期稳定的联系。

根据领导的指示完成工作，同时加入了自己的想法。

如果领导只看目标达成率，就会认为"下属 A 达成了目标，很了不起，所以应该给他设定更高的目标，让他更加努力"。但这其实并不可取。

下属 A 可能会认为自己已经达成了目标，所以参与度已经很高了。但是，一个人未必需要很高的参与度，只要足够聪明，或者单纯因为擅长做销售，也能达成目标。

对于没有达成目标的下属 B，领导可能会责备他"为什么没有达成目标？""下次一定要达成目标"，或是擅自为他降低目标。但这样做可能会适得其反。

下属 B 没能达成目标，可能很多人会觉得他参与度不高，但其实下属 B 并不是只是听令行事，而是经过自己的思考和努力才采取行动。而且，因为这次他和客户建立了良好的关系，所以今后新项目的推进或许会更顺利。

我也有过类似 A 和 B 这样的下属，但后来那位像 A 一样能够"使命必达"的下属辞职了。

我一直认为"A 很有干劲，很享受工作"，所以不断地给他增加工作任务，但结果是，他的工作越来越忙，后来他表示"我是人，不是机器"，一气之下辞掉了工作。

当年如果我不单方面为他设定目标，而是和他一起设定目标的话，他就不会辞职了。

如上所述，在为下属设定目标时，领导不能单方面决定，而应该与下属协商，将设定目标的决定权交给下属。这样一来，下属的自重感也会提高。

无论多么能干的下属，都不要给他们设定太高的目标，也不要给对方过多的任务，要让对方保持从容的心态，这样才能持续提高他们的参与度。

（二）无法达成目标的下属

就像刚才的例子一样，作为领导必须要知道，无法达成目标的下属反而最了解自己为什么没能达成目标。

所以类似"下次一定要成功啊"之类的负面评价和反馈，无异于火上浇油。因为这样下属会愈发觉得自己无能，这会大大影响他们的参与感，简直是适得其反。

如果下属没能达成目标，我们可以利用第三章中介绍过的积极反馈，激励下属"这一点做得不错""下次肯定会更好"，当然也可以使用建设性反馈。

例如，"这一点很好，接下来该怎么办呢？""你下次一定会做得更好，现在只差一步了，你想想下一步怎么走？"等。想要达成目标，就要让下属亲自制订计划。

领导要了解下属的优点和他们擅长的工作，并和下属一起思考"没能达成目标的原因是什么"，再向他们讲道理、提建议，这样下属的参与度才会提高，也更有可能在下次工作中达成目标。

我们要做的是提出具体的方案，比如"这里有问题，试试这个方法怎么样"，并和下属共同思考如何让我们的工作更进一步。

（三）没有积极性的下属

当你把工作委托给下属时，如果下属并不情愿，或者以"我做不到"为由拒绝，你会不会觉得下属很没有积极性呢？

"没有积极性"的原因大多是源于内心的消极想法。

只要"不行，我做不到""因为没做过所以做不到""根本提不起兴趣"之类的想法在脑海中一闪而过，人就会提不起干劲。

领导要带着积极的思维行动。尤其要注意，不要消极看待下属，语言上也不能有太多消极成分，比如"连这样的事情都做不好吗""你一点都不积极"等，这些都不可取。

我们要积极看待下属，把他们当成"正在成长中的人才""日后必成大器的种子选手"，这样做的话，我们的工作环境就会发生180度的转变。

我曾经有个下属，每当我拜托他的时候，他都会说"不，我做不到"。每次我都会对他说"我觉得你可以，所以才拜托你的。你能不能试着做做看？我会全力协助你的"。正因为我

好领导怎么当：如何培养积极主动的员工

能积极地看待他，所以他才会对工作全情投入，工作能力也越来越强。

领导保持积极心态，也有助于提高下属的参与度。

对于领导来说，下属带来的烦恼和问题都是无穷无尽的。

每个下属都有自己的个性、擅长和不擅长的方面、不同的智能和学习方法。如果一位领导能经常思考这一点，针对不同下属采取不同应对手段，就能解决这些问题，并从烦恼中解脱出来。

重点

领导不应只根据公司、团队方针设定目标，要设定合理的目标才能提高下属自信心。

附　录

VARK 模型自查

请选择最符合的答案，在选项上画○，可多选。如果都不符合，则无须画○。

1. 如果你帮一个迷路的人指路，你一般会怎么做？

a. 一起走过去

b. 告诉他路线

c. 把路线写给他

d. 画地图，或者在地图上给他指路

2. 你会如何学习制作图表的方法？

a. 看图

b. 听课

c. 看列表或文字说明

d. 看别人怎么做

3. 你和几个朋友一起旅行，正在制订出行计划。如果你想从朋友那里得到关于计划的反馈，你会怎么做？

a. 在计划过程中说出自己推荐的景点

b. 用地图提示地点

c. 打印一份出行计划表

d. 给朋友打电话，或者发信息、邮件

4. 你准备做一顿大餐，你会如何准备？

a. 不看菜谱直接做自己熟悉的菜品

b. 问朋友

c. 在网上查做法或者看书学习

d. 看菜谱

5. 有一队游人问你附近公园和野生动物保护区的情况，你会怎么做？

a. 详细讲解附近公园和野生动物保护区情况

b. 给他们看地图和网上的照片

c. 带他们去公园或野生动物保护区

d. 给他们一本关于公园和野生动物保护区的书

6. 你准备买数码相机或者手机时，除了价格之外，还会关注哪方面？

a. 试用时是否顺手

b. 各款机型的功能

c. 设计和外观

d. 售货员的意见

7. 在学习弹钢琴或骑自行车等需要肌肉记忆的技能时，你会采取怎样的学习方式？

a. 看教学视频

附 录

b. 找人教你，同时提问

c. 利用图片、地图、插图等视觉手段学习

d. 看指导书

8. 如果医生想要告诉你"你的心脏有问题"，你希望他用什么方式跟你解释病情？

a. 用文字解释

b. 用模型说明

c. 直接说明

d. 作图说明

9. 在你学习新电脑软件用法、使用技巧或者玩到新游戏的时候，你会如何掌握基本操作？

a. 看附带的说明书

b. 询问熟悉这个软件的人

c. 边试边学

d. 看附带说明书上的图解

10. 你喜欢哪类网站？

a. 可以点击、转换不同页面的网站

b. 包含有趣的设计和视觉效果的网站

c. 包含有趣的文字说明、列表和解说的网站

d. 可以收听音乐、广播节目和采访的网站

11. 当你购买新书时，你想买哪本书？

a. 封面很吸引人的书

b. 马上就能读到的书

c. 朋友推荐的书

d. 基于真实发生的故事、经验编写的书

12. 学习用新的数码相机拍照时，你最希望？

a. 有机会询问或谈论照相机及其功能

b. 得到一份明确清晰的说明书

c. 得到一份说明照相机和各部件的图解

d. 得到各种照片的案例（附带说明）

13. 如果你参加研讨会，你希望得到何种形式的教育？

a. 包含演示、模型、实践环节的教学方式

b. 包含问答、谈话、小组讨论、嘉宾演讲环节的教学方式

c. 利用分发资料、书籍、读物的教学方式

d. 使用插图、图标、图表的教学方式

14. 比赛或考试结束后，你希望得到怎样的反馈？

a. 分析你行为的反馈

b. 书面反馈

c. 对话反馈

d. 使用体现结果的图表进行反馈

15. 你在餐厅或咖啡馆挑选食物时，会怎么选择？

a. 选择以前在那里吃过的美食

b. 听服务员的介绍或听朋友推荐后选择

c. 根据菜单上的说明和特征进行选择

d. 看看别人点了什么，或者看菜品的照片再选择

16. 如果必须在会议或其他重要场合做一次演讲，你会怎么准备？

a. 制作有助于说明的图表或搜集相关图表

b. 写下几个关键词，练习演讲

c. 写好演讲稿，反复阅读

d. 收集大量的案例，注重实用性

自查表的答案可以体现在 VARK 换算表中。请按照你的答案在表中画○。

假如第 3 题你的答案是 b 和 c，就可以这样画"○"。

VARK 换算

问	a	b	c	d
1	K	A	R	V
2	V	A	R	K
3	K	V	R	A
4	K	A	V	R
5	A	V	K	R
6	K	R	V	A
7	K	A	V	R
8	R	K	A	V
9	R	A	K	V
10	K	V	R	A
11	V	R	A	K
12	A	R	V	K
13	K	A	R	V
14	K	R	A	V
15	K	A	R	V
16	V	A	R	K

请根据"VARK 换算表"中被画○的字母的个数，算出得分。其中得分最高的就是最适合你的学习方式。

VARK 得分计算结果

V	/16
A	/16
R	/16
K	/16

后　记

　　我在哥伦比亚大学接触到"学生本位理论"这一教育理念后，我多年形成的"教学方法"被彻底颠覆了。

　　我切身体会到，用自己成功的方法和经验来教育他人，是无法帮助对方成长的。

　　电视和报刊常常会访谈那些有能力的领导，因此人们往往把"领导"和"引人注目""卓尔不凡"画上了等号。但是，仔细倾听他们的发言，你就会发现，他们也像本书中介绍的那样，致力于创造能够激发下属参与感的工作环境。

　　倒不如说，领导才是配角，他们的本职工作其实是支持自己的下属。

　　本书以我在哥伦比亚大学学到的知识和经验为基础，介绍了提高下属参与度的思维方式和身为领导应有的姿态。或许此刻你在感叹，"当领导真不容易，居然要做这么多努力……"。

　　是的。为了培养出能独立思考、独立行动的下属，我们当然要花大量时间和精力。

　　但只要领导能用人本思想来教导下属，那么他的工作量就会大大减少。

　　也就是说，在培养下属上花费的时间和精力，是对下属的"投资"。

下属是能够自主行动、干劲十足地完成工作的类型,还是不论做什么都只是听令行事的类型,都取决于领导的培养方式。

首先,请重新审视你的"培养方式"吧。

如果本书能改变各位领导对培养下属的固有观点,笔者不胜荣幸。

本书总结了我身为企业家、大学教授、高中教师、指挥家的工作经验,以及和一千多名下属、学生一起经历的成功和失败经历,在此基础上又结合了我在哥伦比亚大学学习到的先进教学技术,是一本多元化的人本位领导学著作。

本书的成功出版,要感谢高级编辑吉盛绘里加女士和朝日出版社的各位老师。在此,请允许我对你们致以诚挚的谢意!

最后,我想将本书献给一直默默支持我的父亲箱田忠昭和母亲箱田志保绘。

箱田贤亮